Une photo dans la valise

Josée Ouimet

Une photo dans la valise

illustré par Luc Melanson

COLLECTION **ATOUT**

HURTUBISE HMH

Données de catalogage avant publication (Canada)

Ouimet, Josée, 1954-

Une photo dans la valise

(Atout)
Pour les jeunes.

ISBN 2-89428-110-2

I. Melanson, Luc. II. Titre. III. Collection

PS8579.U444P46 1995 jC843'.54 C95-941030-9
PS9579.U444P46 1995
PZ23.O94Ph 1995

Le Conseil des Arts du Canada a accordé une subvention pour la publication de cet ouvrage.

Directrice de la collection : **Catherine Germain**

Révision : **Claudine Vivier**

Conception graphique : **Nicole Morisset**

Illustrations : **Luc Melanson**

Mise en page : **Mégatexte**

Éditions Hurtubise HMH, Limitée
7360, boulevard Newman
Ville LaSalle, Québec
H8N 1X2
Canada
Téléphone: (514) 364-0323

Dépôt légal/3e trimestre 1995
Bibliothèque nationale du Canada
Bibliothèque nationale du Québec

Imprimé au Canada

Les autres titres de la collection Atout

1. *L'Or de la felouque***
Yves Thériault

2. *Les Initiés de la Pointe-aux-Cageux***
Paul de Grosbois

3. *Ookpik***
Louise-Michelle Sauriol

4. *Le Secret de La Bouline**
Marie-Andrée Dufresne

5. *Alcali***
Jo Bannatyne-Cugnet

6. *Adieu, bandits !**
Suzanne Sterzi

7. *Une photo dans la valise**
Josée Ouimet

8. *Un taxi pour Taxco***
Claire St-Onge

10. *L'Exil de Thourème**
Jean-Michel Lienhardt

11. *Bon anniversaire, Ben !**
Jean Little

12. *Lygaya**
Andrée-Paule Mignot

13. *Les Parallèles célestes***
Denis Côté

* Lecture facile

** Lecture intermédiaire

Avez-vous déjà dialogué sur votre ordinateur avec l'un des personnages du Village Prologue — ce village des années 1850 qui, par l'autoroute électronique, relie le passé au futur ? Eh bien, peut-être l'un d'entre eux était-il animé par **Josée Ouimet**, assise devant son propre écran. Les jeunes, la littérature... et les nouveaux moyens de communication sont parmi les passions de cette ancienne enseignante d'histoire et de littérature du Collège Saint-Maurice, à St-Hyacinthe (Québec).
Une photo dans la valise est son premier roman publié. Elle y raconte une histoire qui lui tient à cœur. L'histoire d'un être cher.

Lorsqu'il était plus jeune, **Luc Melanson** dessinait beaucoup. En fait, il était tellement occupé à dessiner que c'est à peine s'il s'est rendu compte qu'il était devenu illustrateur !
Luc Melanson aime aussi beaucoup la lecture. Alors il illustre des livres. À Montréal, à Toronto et à Paris. Mais que fait Luc Melanson lorsqu'il ne lit ni ne dessine ? Eh bien souvent il dort, et il lui arrive même de rêver qu'il dessine...

À Aurore

1

L'INVITATION

C'est une belle matinée de novembre. Kevin et moi jouons au Monopoly dans la salle de jeu, chez lui.

C'est chouette chez Kevin! Surtout dans son sous-sol. Rien ne manque. Les jeux, la table de billard, la télé couleur. Tout ce dont on peut rêver! J'aime jouer chez mon copain surtout pour une raison majeure: il n'y a pas de petite sœur ni de petit frère pour venir nous embêter...

La porte en haut de l'escalier s'ouvre brusquement.

— Kevin?... Kevin mon chou, viens vite! Il est temps de partir.

— Ah non! pleurniche mon copain en lançant les dés sur la table de jeu. On vient juste de commencer!

— Laissez tout ça là. Vous jouerez en revenant!

En revenant... En revenant d'où? Je n'ose pas poser la question.

— Ça ne me tente pas d'y aller, bon! proteste Kevin.

Il boude. Il a replié ses deux bras sur sa poitrine et il fait la moue. Comme les bébés qui font le «pot». Je lui chuchote alors :

— Aller où?

— Voir Grand-mère à la maison d'accueil!

— Kevin? C'est la dernière fois que je t'appelle. Viens tout de suite!

Kevin ne répond pas. Il se tourne vers la porte et tire la langue. Une longue langue. Toute rose. C'est drôle une langue! C'est laid! Je pouffe de rire tout bêtement. Kevin se retourne et me fait des gros yeux.

— Kevin! Je t'attends dans la voiture! laisse tomber sa mère d'un ton sans réplique. Dépêche-toi! C'est compris?

La porte en haut de l'escalier est demeurée ouverte. Kevin se lève. Résolument. Il garde la tête baissée comme

s'il cherchait une solution inscrite sur le bout de ses souliers de course.

— C'est toujours pareil. À chaque week-end, c'est la même chose depuis que Grand-mère habite ce centre d'accueil!

— C'est quoi un centre d'accueil?

— Tu sais pas c'est quoi? s'exclame-t-il en relevant rapidement la tête, stupéfait d'une telle ignorance.

— Ben non, quoi! Je n'ai pas de grand-mère qui vit dans un de ces centres, moi! Tu le sais bien! Je n'ai plus de grand-mère, moi!

Mon copain fait oui de la tête. Enfin, il a compris!

— Pourquoi tu ne viendrais pas avec nous? Tu verrais ce que c'est!

Je le regarde, perplexe. Je ne sais pas trop si ça me tente d'aller voir sa grand-mère, vu le peu d'intérêt qu'il a manifesté quelques minutes plus tôt. C'est à mon tour de faire la moue.

_ Viens! dit-il en s'acharnant sur la manche de mon chandail, ce qui me force à me lever à mon tour. Appelle ta mère pour lui dire que tu viens avec nous. Je vais en parler à maman.

Il grimpe quatre par quatre les marches qui nous séparent du rez-de-chaussée.

— MAMAN ! Patricia vient avec nous au centre d'accueil !

Je le suis en courant dans l'escalier désormais sombre de notre sous-sol favori.

2

LE CENTRE D'ACCUEIL

La porte de la voiture s'ouvre. Kevin et moi descendons lentement. Une maison blanche aux volets verts se dresse devant nous. Elle ne ressemble pas du tout à ce que j'imaginais.

J'avais pensé me retrouver devant un hôpital. Ou encore devant un édifice à plusieurs étages. Mais non! Une simple maison de dimensions moyennes. Guère plus grande que la mienne ou que celle de Kevin. Pas spéciale du tout, du tout!

— Elle vit ici, ta grand-mère?

Kevin fait oui de la tête.

— C'est pas à ça que je m'attendais du tout!

— Tu t'attendais à quoi au juste?

J'ouvre la bouche pour essayer d'expliquer que cette maison est beaucoup trop petite à mon goût. Beaucoup trop usée. Beaucoup trop «ordinaire» pour une vieille personne à la retraite. Moi, en tout cas, j'aimerais quelque chose de plus gai, de plus grand, de plus...

Mais je préfère me taire. Je ne veux pas faire de la peine à mon copain. Cet endroit doit convenir, probablement ...

— Comment elle s'appelle, ta grand-mère?

— Aurore.

— Aurore... quel drôle de nom! Je n'ai jamais entendu un nom pareil auparavant.

— C'est normal! C'est un vieux nom! répond Kevin.

Un vieux nom! Ça n'est jamais vieux, un nom! Un nom, c'est universel. Ça traverse les âges et le temps! Vieux, un nom?... Pfeuh!

— Elle a quel âge ta grand-mère Aurore?

Kevin me regarde et soupire.

— Veux-tu connaître ma généalogie tant qu'à y être? s'exclame-t-il, excédé par mes questions.

— Je veux juste en savoir un peu plus sur ta grand-mère! C'est tout! Je veux être capable de lui parler un peu. De...

Kevin lève les yeux aux ciel.

— Ce que ça peut être compliqué une fille!

— Non, monsieur! Non! Curieuse?... Ça oui. Mon père me le répète assez souvent, mais il ne m'a jamais dit que j'étais compliquée. Juste un peu curieuse...

— UN PEU? s'exclame Kevin en ouvrant de grands yeux de poisson.

Il va se rebiffer, je le sais. Je me prépare à la flèche qu'il me destine. Je la sens venir, à voir ses yeux se plisser un peu et surtout ce sourire en coin qui lentement se dessine sur ses lèvres. Il va essayer d'avoir le dernier mot. Et moi, pour ne pas perdre la face, je vais essayer de tenir mon bout aussi longtemps que je le pourrai. Puis ce sera la querelle. Mais pas la guerre. On sait s'arrêter avant. Sinon, ce n'est plus drôle du tout.

Nos regards restent soudés l'un à l'autre. Nous en oublions le bruit des voitures qui passent dans la rue tout près.

C'est le plus rapide qui gagnera la partie.

Kevin entrouvre la bouche. Il va parler! À voir ses yeux rieurs, il semble avoir déjà gagné la bataille.

J'en ai des sueurs dans le cou et, dans ma tête, les pensées tourbillonnent. Je plonge!

— KEVIN BEAUCHAMPS, je...

Un bruit à l'entrée nous fait lever la tête. Sur le pas de la porte, la mère de Kevin nous appelle.

—Vite! Vite! Dépêchez-vous! Grand-mère doit nous attendre! Heu... je veux dire...

Elle semble embarrassée tout à coup. Rapidement, elle entre dans la maison.

— Sauvée par la cloche, mademoiselle la CURIEUSE!

Je tire la langue à ce visage rayonnant de joie. Ah! Il y a des fois où je me demande comment je peux être aussi «nounoune»!

Kevin a déjà disparu derrière la porte du centre d'accueil. Je reste seule sur le perron. J'hésite à entrer.

— Ben quoi ? T'es pas venue pour rester sur la galerie ? lance Kevin, de l'autre côté du moustiquaire.

En guise de réponse, je hausse les épaules. Et j'entre à mon tour.

3

La surprise

À l'intérieur, il fait sombre. Trop sombre.

Nous sommes dans un tout petit hall d'où partent plusieurs longs couloirs, comme les tentacules d'une pieuvre noire et menaçante. Ça sent le renfermé. Je chuchote :

— Ça pue ici !

— Chut ! C'est pas chic de dire ça. Ça sent les vieilles choses, c'est tout.

Nous suivons Thérèse Beauchamps qui s'est engagée à droite dans un corridor si étroit que nous ne pouvons y avancer de front. Le silence qui nous entoure est pesant comme un jour d'orage. Nous progressons dans ce tunnel interminable qui nous mène vers un endroit encore plus inconnu. À droite et à gauche, une succession de portes fermées avec des noms écrits dessus : Reine Tousignant, Claude Déry, Antoine Garand, Aurore Huot...

— C'est ici ! annonce enfin la mère de Kevin.

Elle frappe doucement à la porte close.

Nous tendons l'oreille. Aucun bruit ne parvient de l'intérieur. Aucun son. Rien d'autre que le silence.

Madame Beauchamps récidive. La porte de bois vernissé reste obstinément close. La grand-mère de Kevin n'y est probablement pas.

— Elle doit sûrement faire son petit somme, chuchote madame Beauchamps.

Kevin s'approche de la porte close et frappe à son tour sur la paroi de bois.

— GRAND-MÈRE ! appelle-t-il d'une voix forte, GRAND-MÈRE, C'EST KEVIN ! ON VIENT TE FAIRE UNE PETITE VISITE !

Derrière nous, une porte s'ouvre lentement. Une toute petite bonne femme aux cheveux en chamaille sous son bonnet de coton blanc nous regarde avec de grands yeux.

— Pas si fort ! Pas si fort ! supplie-t-elle d'une voix chevrotante.

— Excusez-nous, bredouille madame Beauchamps en lançant un regard noir à son fils qui garde le nez collé à la porte close.

Sans plus attendre une réponse qui ne veut pas venir, et surtout mal à l'aise de s'être fait remettre à sa place, Kevin tourne la poignée et ouvre.

La porte s'entrouvre en grinçant sur une minuscule chambre plongée dans une obscurité matinale. Elle est vide. Vide comme une classe, le matin, quand les élèves ne sont pas encore venus tout chambarder.

Sur le lit, le couvre-pied a été tiré. Pas un pli ne ride le drap. Les oreillers moelleux reposent sous des coussins bordés de dentelles. Sur la commode, des potiches aux dessins fleuris. Des bibelots. Une horloge qui fait tic-tac, tic-tac, inlassablement. Un cadre vide à la vitre jaunie. Juste à côté, un téléviseur éteint. Tout près, une chaise berçante drapée dans une couverture artisanale aux laines multicolores. Un petit lavabo dressé sur sa tige de laiton laisse pleurer son robinet d'eau froide.

— Maman? Maman Aurore?

Madame Beauchamps semble soudainement inquiète. Elle se dirige rapidement vers une porte qu'elle ouvre sans hésitation aucune. Elle allume.

C'est une sorte de placard qui a été recyclé en cabinet de toilette. Rien de bien bien luxueux en somme! Toute décoration en est absente et seule une ampoule électrique, pas plus grosse qu'une balle de baseball, éclaire le petit réduit.

— Oh non! Non, non...

Sans prendre le temps de refermer la porte ni d'éteindre la lumière, la mère de Kevin se précipite vers une autre porte sur la gauche. La garde-robe, cette fois-ci. Retenant sa respiration, elle passe en revue le contenu du placard. Puis, sans crier gare, elle se met à pousser avec frénésie les vêtements bien alignés, accrochés à la tige de métal. Elle cherche. Encore et encore.

— Qu'est-ce que tu cherches comme ça? demande Kevin, que l'inquiétude de sa mère a mis aux abois.

— Son manteau... je cherche son manteau brun!

Je demande à mon tour :

— Il n'y est pas?

La mère de Kevin fouille toujours. De plus en plus frénétiquement. Le bruit grinçant des cintres qui se bousculent sur la tige horizontale me fait penser à une longue plainte. Un cri de désespoir si triste que j'en ai la chair de poule.

— Maman?... commence Kevin.

Il s'approche de sa mère qui semble maintenant tout à fait désemparée. Les larmes affluent à ses yeux agrandis par l'inquiétude.

— Je ne le trouve pas! Je ne le trouve pas!

Elle lève les yeux vers la tablette sur laquelle reposent, bien alignées, des boîtes de toutes les formes et de toutes les couleurs.

— Son chapeau aussi a disparu!

Elle se penche et disparaît à moitié au fond du placard sombre. Elle déplace des souliers et des chaussettes tricotées qu'Aurore adorait porter.

— Sa valise n'est plus là!

— Sa valise? répète Kevin, soudainement changé en perroquet. Lui qui, quelques minutes auparavant, s'apprêtait à me lancer un de ses plus brillants traits d'esprit!

— Oui! Oui! Sa petite valise brune qu'elle prend à chaque fois qu'elle vient en visite chez nous ou chez Lucie!

Elle claque la porte de la garde-robe et se précipite à l'extérieur de la chambre. Nous la suivons en courant, dévalant en sens inverse le même couloir qui semble encore plus étroit et plus sombre que tout à l'heure. Il se resserre sur nous. Il nous cache la lumière du jour.

À l'extrémité du corridor scintille une lumière. Un tout petit point blanc. Non jaune. Jaune comme le couvre-lit sur le lit vide de grand-mère Aurore.

Kevin suit sa mère de près. Il lui marche même sur les talons. Brièvement, il se retourne vers moi. Dans nos regards, la même question, une question qui ne peut laisser place qu'à l'inquiétude et au désarroi : où est grand-mère Aurore?

Nous débouchons dans une cuisine. Assis à une table basse, cartes en main, deux messieurs âgés nous regardent entrer. Ils ne bronchent pas. Ne nous disent même pas bonjour. Rien ne semble pouvoir les déranger dans leur partie de cartes matinale.

— Avez-vous vu madame Huot? demande sans attendre la mère de Kevin.

Celui qui semble le plus vieux toussote légèrement pour s'éclaircir la voix. Il lève à nouveau les yeux vers nous.

— Aurore?...

— Oui! Oui! C'est ça! Aurore Huot!

Son compagnon place lentement une carte au centre de la table. Le plus âgé jette un œil sur la carte qui vient d'être jouée avant d'enchaîner.

— Elle est partie en voyage ce matin. Je l'ai vue sortir avec une petite valise et son manteau sur le dos.

— Doux seigneur! Vous êtes bien sûr de ce que vous dites? Oh! Mon Dieu!

Madame Beauchamps s'effondre littéralement sur la chaise la plus proche. Elle se cache le visage dans les mains. Nous nous rapprochons. Son dos s'est soudainement voûté. Elle pleure maintenant. À chaudes larmes.

— Maman... Maman, dit Kevin en posant la main sur le bras de sa mère. Qu'est-ce qui se passe?

Elle ne répond pas. Elle fouille dans son sac à main et en sort un papier-mouchoir avec lequel elle s'éponge les yeux . Elle sanglote si fort qu'elle en hoquète. Nous attendons sa réponse avec anxiété. Nous savons que quelque chose de grave, de très grave même, vient d'arriver.

— Grand-mère s'est ENCORE enfuie!...

4

LA FUGUE

Le propriétaire du centre d'accueil repose le combiné.

— Les agents de la sûreté municipale se mettent immédiatement au travail. Si elle a quitté le centre ce matin, elle ne doit pas être bien loin.

Il pousse un profond soupir et jette à nouveau un regard perplexe sur le dossier ouvert devant lui.

— Ce n'est pas la première fois que votre mère prend la clé des champs, n'est-ce pas? demande-t-il à Thérèse Beauchamps, sans lever les yeux de la feuille noircie de mots.

Thérèse Beauchamps fait oui de la tête.

— Je me demande bien ce qui l'a poussée à agir ainsi, ajoute-t-il en refermant la chemise de carton beige.

— C'est une femme très orgueilleuse, monsieur Jutras, commence la mère de Kevin avec nervosité. Depuis que la maladie a affecté ses capacités mentales, elle n'aime pas être montrée du doigt. Surtout lorsqu'elle se sent piégée par des questions auxquelles elle ne peut donner de réponse.

Les lèvres tremblantes d'émotion, la fille aînée d'Aurore se mouche pour la énième fois avant d'enchaîner.

— Maman est une femme très fière. Très intelligente et surtout très sociable. En plus d'avoir élevé ses six enfants, elle a accompli toutes sortes de choses fantastiques. Elle cousait comme une fée, fabriquait des chapeaux magnifiques, dansait avec entrain et surtout, elle chantait merveilleusement. Elle a aussi beaucoup voyagé ces dernières années avant de...

Elle se mouche à nouveau.

Le directeur, lui, demeure les mains jointes sur son bureau sans rien dire, pour permettre à Thérèse de se confier un peu.

— C'est terrible, monsieur... terrible de ne pas savoir ce qu'elle pense ou encore ce qu'elle veut vraiment!

— Le silence est le refuge de la plupart des patients atteints de la maladie d'Alzheimer. Ils comprennent absolument tout ce que les autres leur disent, mais leur calvaire, c'est de ne pouvoir correctement leur répondre. D'oublier surtout!

Thérèse Beauchamps continue de sangloter.

— J'ai appris que lors de votre dernière visite, elle ne vous a pas reconnue... J'en suis vraiment désolé!

Thérèse hoche la tête.

— Le passé prend pour Aurore une grande importance, reprend le directeur, conciliant. Elle revit dans sa tête des événements qui se sont déroulés durant sa jeunesse et personne d'autre qu'elle-même n'y a accès.

Il inspire profondément avant d'enchaîner.

— Hélas, dans le cas de votre mère, je me demande si le lieu où elle croit aller existe encore!

Le silence se fait pesant dans le petit bureau aux odeurs de cuir et d'eau de cologne poivrée. Madame Beauchamps écoute sans mot dire, serrant nerveusement son papier-mouchoir entre ses doigts. Kevin et moi nous nous taisons. Nous ne bougeons même pas le petit doigt tant l'heure est grave. Personne ne sait où est grand-mère Aurore. Et elle-même, à ce qu'il paraît, semble l'ignorer complètement!

Kevin m'a un peu expliqué, pendant qu'on attendait dans le corridor, ce qu'était la maladie d'Alzheimer.

— Ça fait au moins trois ans que grand-mère a cette maladie. À cause de ça, elle se souvient pas de grand-chose. Mais c'est jamais pareil. Des fois elle nous parle et elle est toute joyeuse, d'autres fois elle ne nous reconnaît même plus. Maman dit qu'elle mélange tout. Le jour et la nuit. La nourriture et les produits nettoyants. Il paraît même qu'elle peut partir pour se rendre à l'église et se retrouver au supermarché sans savoir pourquoi.

Il avait reniflé avant de continuer.

— Maman m'a dit que tous les enfants avaient décidé de la placer ici parce qu'elle n'était plus autonome.

— Ben voyons donc! Une grande personne est toujours autonome! avais-je répliqué.

— Plus Grand-mère. Elle n'est plus capable de différencier une boîte de viande pour chat d'une boîte de haricots. Elle a même mêlé du liquide à vaisselle avec du lait croyant que c'était du chocolat. Elle pourrait facilement s'empoisonner, dit ma mère. C'est comme un bébé que l'on doit toujours surveiller. C'est pour ça que sa famille l'a placée dans ce centre d'hébergement. Personne ne pouvait vraiment en prendre soin. Maman a bien essayé, mais elle ne pouvait la suivre constamment. De plus, Grand-mère dormait plus souvent le jour que la nuit.

— Mais... que va-t-elle faire, toute seule, dehors? Va-t-elle au moins être capable de trouver son chemin?

Incapable de répondre, Kevin avait haussé les épaules.

Le propriétaire du centre d'accueil parle toujours.

— Nous ne connaissons, hélas, aucun remède adéquat pour cette maladie qui atteint de plus en plus de personnes chaque année. Ses causes nous sont tout aussi inconnues, mais nous pouvons diagnostiquer les différents stades d'évolution de la maladie d'Alzheimer.

Il se lève et se dirige vers un tableau fixé au mur.

— Voyez ici.

Madame Beauchamps, Kevin et moi, nous nous levons d'un bloc pour aller entendre un secret qui pourrait changer la couleur de cette journée.

Sur la grande feuille de papier beige, le doigt de l'homme s'est arrêté sur deux chiffres : 5-7 ans.

— Mais qu'est-ce que ça veut dire? demande Kevin, le nez plissé par la curiosité.

— Aurore, répond le directeur, a l'autonomie d'une enfant de cet âge. Son cas est moyennement avancé.

Kevin et moi restons bouche bée tant cette révélation nous surprend : 5-7 ans! Comment une grand-mère peut-elle redevenir si jeune? Plus jeune que ma sœur Sophie?

Monsieur Jutras sourit devant nos regards surpris.

— C'est comme ça! Il faut l'accepter et continuer de parler à Aurore et faire comme si elle n'avait rien de changé.

— Je vous remercie pour tout, monsieur, finit par laisser tomber Thérèse qui semble maintenant vouloir quitter ce bureau au plus vite.

— Le mieux serait de rentrer chez vous. Elle est peut-être allée vous rendre visite. Qui peut savoir avec ces malades ? Eux seuls ont le contrôle de leurs pensées. Elle avait peut-être envie de vous voir. Vous !

Pourquoi ne pas y avoir pensé plus tôt ? Kevin me lance un coup d'œil complice. Nous avons envie de quitter cet endroit où il n'y plus rien à faire. De mettre fin à cette attente insupportable et le plus vite possible, de passer à l'action.

— Viens maman ! On va aller voir ! dit Kevin en tirant sa mère par la manche de son manteau.

Celle-ci, comme mue par un nouvel espoir, se dirige aussitôt vers la porte.

— Merci encore, monsieur Jutras, dit-elle en se retournant.

— Bonne chance, madame Beauchamps !

5

LE MONSTRE D'ACIER

Nous sortons du centre d'accueil précipitamment. Le temps de le dire, et nous voilà de retour à la voiture.

Juste à ce moment, un autobus passe dans la rue.

— L'autobus! Maman, l'autobus! Grand-mère l'a peut-être pris ce matin!

Et Kevin de se mettre à courir en direction de l'autobus qui ralentit pour stopper à l'arrêt tout proche.

— Hé, Kevin... Attends... je...!

Madame Beauchamps se retrouve seule, la main sur la poignée de la portière de sa voiture, car je m'élance au pas de course pour rejoindre mon ami qui a presque atteint l'arrêt d'autobus. Je cours de toute la vitesse de mes jambes. J'ai le vent dans les voiles. Je suis sûre que le chauffeur de l'autobus va nous donner une réponse. Un indice. Un espoir.

Kevin a atteint l'arrêt vitré juste avant que l'autobus ne reparte. Il s'engouffre dans le véhicule et la porte se referme sur lui.

Je vois disparaître mon copain, happé par cet engin de tôle et d'acier.

— Kevin!... KEVIN, attends-moi!

Je frappe à mon tour sur les portes closes qui s'ouvrent comme par magie. Je grimpe les quelques marches qui me séparent de Kevin et du chauffeur.

L'autobus s'ébranle. Horreur! Que va-t-on faire? Où allons-nous nous retrouver? Nous voilà désormais prisonniers du véhicule qui, lentement mais sûrement, nous éloigne du centre d'accueil et de la voiture de Thérèse Beauchamps.

— C'est un dollar cinquante, annonce machinalement le conducteur en tendant la main.

— Mais... mais..., bredouille Kevin, je n'ai pas d'argent. On ...

Le chauffeur pèse sur la pédale d'embrayage d'un coup sec. Le monstre d'acier hoquète. Sous le choc, nous sommes projetés l'un contre l'autre. Le moteur reprend son grondement sourd et régulier, et notre appréhension grandit. L'autobus poursuit sa route. Sans s'arrêter.

— Pas d'argent? réplique le chauffeur. Et votre billet?

— Quel billet?

Nous avons peur de nous faire réprimander, et par le chauffeur et par la mère de Kevin. C'est du joli tout ça! Tout ce qu'on voulait, nous, c'était lui poser une ou deux questions! Rien de plus! Il n'avait pas le droit de fermer les portes et de continuer son chemin. Comme ça. Sans nous demander notre avis.

Kevin se hasarde enfin.

— Je voulais juste savoir... enfin, vous demander si vous aviez vu une vieille dame prendre l'autobus ce matin.

— Une vieille dame, tu dis?, demande le chauffeur à un Kevin qui tremble tant il est énervé. C'est pas une farce ça?

Nous hochons la tête frénétiquement.

Le conducteur nous regarde du coin de l'œil sans perdre pour autant la route de vue.

— Mouais... Ben, tu sais, il y en a plein de vieilles dames qui prennent l'autobus à cet arrêt. Alors...

Il donne un grand tour de volant. Nous arrivons à un coin de rue. Kevin et moi sommes obligés de nous cramponner au poteau tout près. Je bredouille en vitesse :

— Oui, mais elle... elle l'aurait pris ce matin. Très tôt. Enfin, on pense qu'elle a pris l'autobus...

— Vous n'en êtes pas sûrs ?

— Pas vraiment... On sait seulement qu'elle est partie seule. Avec une valise et un manteau brun. Elle souffre d'une maladie qui lui fait perdre la mémoire et...

— Elle portait aussi un chapeau vert pomme avec deux petites plumes brunes sur le côté. Comme ça.

Kevin, de ses deux doigts, imite la position des plumes sur le chapeau. Le chauffeur hoche la tête.

— Non. Vraiment, je vois pas qui ça pourrait être ! En plus, j'ai commencé à neuf heures seulement. Si elle est partie avant, c'est mon copain qui l'a vue.

Désolé! Mais si jamais je la vois, j'avertirai la police.

— Merci monsieur! dit Kevin, penaud.

Nous sommes arrivés à un arrêt inconnu. Le chauffeur ouvre la porte pour nous laisser descendre.

— Et la prochaine fois, il faudra payer!

Nous descendons les marches, le nez fixé sur le bout de nos souliers. Dehors, la mère de Kevin nous attend dans la voiture, arrêtée juste derrière l'autobus.

— C'était pas bien malin de vous engouffrer dans un autobus qui repartait! s'exclame madame Beauchamps en nous ouvrant la portière.

— On s'excuse, répond Kevin, penaud.

— Alors? demande-t-elle.

— Il ne l'a pas vue, dit son fils tristement.

Nous nous taisons. Au dessus de nous, un vol d'oies sauvages passe en formant un V dans le ciel maintenant assombri de nuages gris. Nous pouvons entendre leurs cris. Nous savons qu'elles partent loin. Très loin. Aussi loin peut-être que Grand-mère est partie. Mais les oies, elles, connaissent leur destination, tandis que Grand-mère...

— Rentrons chez nous, dit la mère de Kevin. Peut-être y est-elle déjà!

Et c'est le cœur rempli d'espoir et de crainte que nous plongeons tête la première au plus profond de l'arrière de la voiture qui démarre aussitôt.

6

SUR LA PISTE D'AURORE

Après avoir fouillé partout, après avoir appelé sans jamais recevoir de réponse, nous refermons la porte de la maison des Beauchamps où Aurore, contre toute attente, n'est pas venue. Nous descendons les marches du perron, terriblement déçus. Maman est venue nous rejoindre après que je lui aie annoncé la nouvelle par téléphone. Elle parle avec la mère de Kevin. Elle lui a passé le bras autour des épaules pour lui manifester son appui et sa sympathie.

Une voiture de police vient s'arrêter juste devant l'entrée principale. Deux policiers en sortent lentement.

Figés littéralement sur place, nous attendons qu'ils approchent. Qu'ils parlent. Qu'ils nous annoncent la mauvaise nouvelle. Qu'ils ont retrouvé Aurore. Morte, noyée ou ...

— Madame Thérèse Beauchamps?

La mère de Kevin sursaute, puis s'avance à pas lents. Très, très lents. C'est comme si ses jambes refusaient d'avancer. Moi, j'ai la gorge toute sèche. J'entends Kevin, à mes côtés, respirer bruyamment.

— Vous êtes bien la fille de...

Il jette un coup d'œil à la feuille de papier qu'il tient à la main.

— ... Aurore Huot?

— Oui. Oui.

Le silence semble s'étirer interminablement. Comme s'il jouait à se faufiler entre les arbres. Entre les feuilles mortes qui voltigent dans l'air. Entre les nuages qui glissent sur leur coussin d'air. Le chant des oiseaux s'est brusquement tu. C'est un silence qui crée un suspense, un malaise. Je n'aime pas ces silences qui creusent comme un trou au-dedans de nous.

Je respire à pleins poumons l'air trop frais pour remplir d'oxygène ce vide inconfortable.

— C'est au sujet de la disparition de votre mère..., commence le policier.

Nous n'entendons plus la conversation. Le policier, madame Beauchamps et Maman nous ont tourné le dos. Comme s'ils voulaient nous protéger de quelque chose de trop difficile à comprendre ou à accepter.

Kevin mâchouille le bord de la manche de son manteau. Moi, je me gratte la joue gauche, comme je le fais chaque fois que j'ai peur ou que je m'ennuie.

— Penses-tu que...

— ... CHUUUT ! Écoute ! répond Kevin.

Nous tendons l'oreille, avançons d'un pas. Le policier se retourne et présente un papier devant les mains jointes de Thérèse Beauchamps.

— Voulez-vous signer ici, s'il vous plaît ?

Madame Beauchamps s'approche du policier qui lui tend un stylo. Elle s'exécute comme à regret. Lentement.

Je jette un coup d'œil à l'autre policier. Debout, les bras croisés sur la poitrine, il ne bouge pas. Ne parle pas. Un révolver est accroché à sa ceinture de cuir noir.

De l'autre côté pend un long bâton, noir, lui aussi. Je pousse du coude mon ami et lui montre d'un signe de tête le policier.

— Qu'est-ce qu'il a, à gauche, à sa ceinture ?

Je chuchote le plus discrètement possible. Kevin se penche doucement vers moi.

— Une matraque, répond-il sur le même ton.

— Une quoi ?...

— Une matraque !

Je lui indique par signes que je ne comprends pas ce qu'il me dit.

— MA-TRA-QUE !

Les deux policiers et nos deux mères se retournent d'un seul coup et nous regardent, surpris.

— J'ai compris ! J'ai compris, Kevin Beauchamps ! Pas besoin de crier ! J'suis peut-être curieuse mais j'suis pas encore sourde !

Je dévale le talus qui me sépare du niveau du trottoir et m'éloigne à pas rapides en direction de ma maison.

Je suis fâchée ! J'en ai marre ! J'ai peur ! J'ai envie de pleurer ! Toute cette histoire de disparition me tombe sur les nerfs. Je me sens complètement impuissante. Et cette attente est intolérable. Je ne veux plus rien savoir! Rien savoir du tout! De toute façon, je ne la connais même pas, cette grand-mère!

— Patricia!... PATRICIA! Attends! Attends-moi donc!

Kevin est derrière moi. À quelques mètres seulement. Je ne sais si je dois partir en courant ou l'attendre. Après tout, si je ne l'écoute pas, si je me fâche avec lui, je ne saurai jamais ce qui est arrivé à Aurore. Je choisis de l'attendre.

— Excuse-moi... J'ai pas fait exprès.

Il a l'air bien gêné, mon copain.

— Qu'est-ce qu'ils veulent ces policiers. Est-elle...?

— Non. Je ne crois pas. Ils sont venus faire signer une sorte de demande officielle de recherche. Tu sais, ça leur donne le droit de fouiller partout, partout. J'ai lu ça sur le papier que le policier a remis à maman tout à l'heure.

— Fiou!.... J'ai eu bien peur qu'ils soient venus nous avertir qu'elle était morte.

— Moi aussi!

— Et ta mère!... Imagine ce qu'elle a pu penser en les voyant descendre de voiture!

Kevin hausse les épaules.

— De toute façon, on n'est pas plus avancé.

Mon copain tourne les talons et enfonce les mains dans le fond de ses poches de pantalon. Je le connais, mon ami. Je sais que quand il fait ça, c'est qu'il est très malheureux.

Je lui entoure les épaules de mon bras droit.

— T'en fais pas. Je vais t'aider. Tout le monde est là pour la retrouver. Elle doit bien être quelque part! Il faut trouver un moyen, quelque chose... Il faut faire quelque chose!

— Ouais... Sûrement.

Nous marchons, silencieux, en pensant très fort à Aurore. En souhaitant qu'elle se porte bien. Où qu'elle aille. Où qu'elle soit.

7

UN INDICE

Nous arrivons maintenant à proximité de la maison de tante Lucie, la plus jeune des filles de Grand-mère Aurore. Madame Beauchamps, Kevin et moi-même sommes confiants de la trouver là. Maman n'a pas voulu nous suivre, prétextant qu'elle serait en retard chez son physiothérapeute. Elle a toujours des douleurs à la jambe droite depuis son accident de ski.

— Ne reviens pas trop tard! m'a-t-elle demandé avant de nous quitter, une fois l'auto des policiers disparue derrière le bosquet d'arbres qui borde le coin de la rue des Érables. On soupe à cinq heures et demie.

Kevin et moi scrutons les alentours à la recherche d'un indice. N'importe lequel. À tout moment, nous nous attendons à découvrir une silhouette au coin de la rue ou derrière une fenêtre.

— On y est presque, annonce madame Beauchamps.

Nous la suivons, silencieux. Le bruit de nos semelles sur le gravier sec et froid bat la même cadence que celle de nos cœurs .

Nous ne parlons pas mais nous savons tous les deux à quoi pense l'autre. C'est moche! Aussi moche qu'une journée de pluie. Sans soleil. Sans vent. Sans ami. Une journée vide, vide, vide!

— Ta grand-mère, dis-je enfin pour rompre ce silence torturant, quel âge a-t-elle?

Kevin ne répond pas mais je sais qu'il se concentre. Il cherche dans sa tête. Il calcule.

— Je ne sais pas trop, laisse-t-il enfin tomber. Quatre-vingt-quatre ou quatre-vingt-cinq ans peut-être. Elle est très très vieille en tout cas!

Nous nous regardons. Gênés. Peureux. Nous n'osons pas parler des vieilles personnes. Ça nous fait penser que nous aussi, un jour, nous deviendrons vieux à notre tour.

Le trouble que chacun lit sur le visage de l'autre nous fait encore accélérer le pas. Soudain, Kevin sursaute à mes côtés.

— Regardez! Là-bas!... LE BANC! LE BANC! crie-t-il en se mettant à courir droit devant lui.

Nous ouvrons de grands yeux, cherchant ce qui a bien pu attirer son attention. Il y a un banc, là-bas. Un banc comme on en retrouve partout en banlieue, destiné aux passants, aux marcheurs, aux coureurs qui veulent se reposer un moment. Mais ce n'est pas le banc qui a capté l'intérêt de Kevin et qui attire maintenant nos regards. Non. C'est autre chose, juste à côté.

— Hé ben ça alors!...

Je m'envole littéralement vers cette forme brune. Petite. Carrée. Couchée sur le pavé gris de l'asphalte.

Je cours vers ce petit objet banal, insignifiant, mais qui va peut-être nous donner la clé du mystère.

Kevin est déjà sur les lieux. Il s'accroupit et examine l'objet.

— Maman! Maman, viens vite!

Thérèse Beauchamps se met elle aussi à courir. L'espoir nous donne des ailes et nous rend le sourire. C'est drôle comme un simple petit objet usuel peut prendre un jour autant d'importance.

Nous rejoignons Kevin près du banc public. À nos pieds, une valise de couleur brune. Une simple petite valise. Pas plus grosse qu'une boîte de patins, comme lorsqu'on en achète des neufs au magasin.

Madame Beauchamps se penche et pose doucement la main sur le couvercle fermé.

— C'est la valise de maman. Je la reconnais.

— Hourra!... Hourra! On a retrouvé Grand-mère! Hourra!

Kevin jubile. Il s'est redressé d'un seul coup et se met à danser sur place.

— Oh!... je suis si content! Ça veut dire qu'elle est venue ici. Elle est venue nous voir et elle est peut-être encore dans les parages.

Sa mère se relève d'un bond. Comme si une mouche l'avait piquée.

— Lucie! Elle est sûrement chez Lucie.Venez vite!

En un tournemain, elle saisit la poignée de la petite valise, bien décidée à ne pas la laisser s'échapper. Elle tourne ensuite les talons en direction de la maison de sa sœur cadette. Kevin et moi lui emboîtons le pas.

— En tout cas, ça veut au moins dire qu'elle est venue ici.

— Si c'est vrai, Patricia, il faut espérer qu'elle y soit encore, me répond en soupirant la mère de Kevin. J'espère... oh! je souhaite tant la trouver tout simplement chez Lucie!

8

TANTE LUCIE

Nous courons, nous volons presque en direction de la maison de tante Lucie.

Au bout de quelques instants, Kevin et sa mère s'arrêtent devant une maison toute neuve aux briques blanches, vivante et colorée. À elle seule, cette maisonnette a le don de nous rassurer. Le toit de bardeaux vert éclate de gaieté contre le ciel gris de ce mois de novembre.

— Venez... nous dit la mère de Kevin en grimpant les marches du perron.

La porte s'ouvre immédiatement. Sans qu'on ait eu besoin de frapper ou de sonner.

— Bonjour! Je vous ai aperçus de la fenêtre du salon. Entrez vite! C'est pas chaud dehors.

C'est la tante Lucie. La sœur cadette. Tout le contraire de la mère de mon ami.

C'est une jolie brunette aux yeux pétillants de malice. Elle a un sourire rassurant à faire déguerpir les idées les plus sombres. De longs cheveux bruns clairs, avec des reflets couleur de blé mûr, flottent sur ses épaules. Elle porte des jeans et un chandail beige clair.

— Maman est ici? demande Thérèse, inquiète.

— Non... Pourquoi cette question?

Madame Beauchamps reste interloquée. Kevin aussi. Devant l'air ahuri de sa sœur, tante Lucie fronce les sourcils.

— Qu'est-ce qu'il y a? Qu'est-ce qui se passe?

— Tu n'as pas eu mon message sur ton répondeur? demande alors Thérèse.

— Non! J'oublie toujours de prendre les messages!

Elle se dirige vers l'appareil posé sur une petite table dans le salon attenant à l'entrée où nous sommes. Nous la suivons. Tante Lucie appuie sur le bouton et attend.

— «Allo? Lucie?... C'est Thérèse... Je dois te voir tout de suite. C'est très urgent... Il est arrivé quelque chose à maman. J'arrive dans quelques minutes. Bye!»

Lucie se tourne vers nous, ahurie à son tour.

— Qu'est-ce qui est arrivé à maman? demande-t-elle, les yeux remplis d'inquiétude.

— Grand-mère Aurore a disparu, laisse tomber Kevin.

— Oh! Non!...

Sans crier gare, elle éclate en sanglots. Thérèse va vers elle et l'entoure de ses bras.

Lucie, c'est un peu le bébé de Thérèse. Elles ont neuf ans de différence. Ce sont deux amies-sœurs.

Madame Beauchamps, plus grande et plus mince, ne ressemble en rien à sa sœur, plus petite et plus boulotte. Kevin dit souvent que Lucie, c'est le jour et Thérèse, la nuit. L'une est joviale et un peu bohème, l'autre sérieuse et toujours pressée. «C'est sûrement la différence d'âge!», a-t-il un jour décrété.

— Laquelle des deux ressemble le plus à ta grand-mère?

— Un peu les deux. Maman lui ressemble physiquement mais je crois bien que tante Lucie a hérité de son tempérament d'artiste.

— D'artiste?...

Kevin pose un doigt sur sa bouche, me signifiant ainsi que l'heure n'est pas aux interrogatoires.

— Ça va aller, petite sœur. Ça va aller, répète doucement Thérèse. Ne t'en fais pas. On la retrouvera.

Elle pleure elle aussi à grosses larmes. Un spectable bien triste à voir.

— Mais, j'y pense, maman!, s'exclame soudain Kevin, afin de dissiper cette tristesse qui envahit tout. On a un indice!

Il exhibe fièrement la petite valise.

— Vite! Vite! Ouvrons-la!

Je ne peux contenir mon impatience.

Nous nous précipitons sur la boîte magique. En un tournemain, Kevin fait sauter le vieux loquet rouillé, usé par les années.

— Ah! Ben ça alors!

Kevin n'en croit pas ses yeux. Moi non plus d'ailleurs. Les deux sœurs, larmes aux yeux et mains jointes, regardent elles aussi le petit talisman qui repose au fond de la valise ouverte. Une breloque en or. Pas plus grosse qu'un dé à coudre.

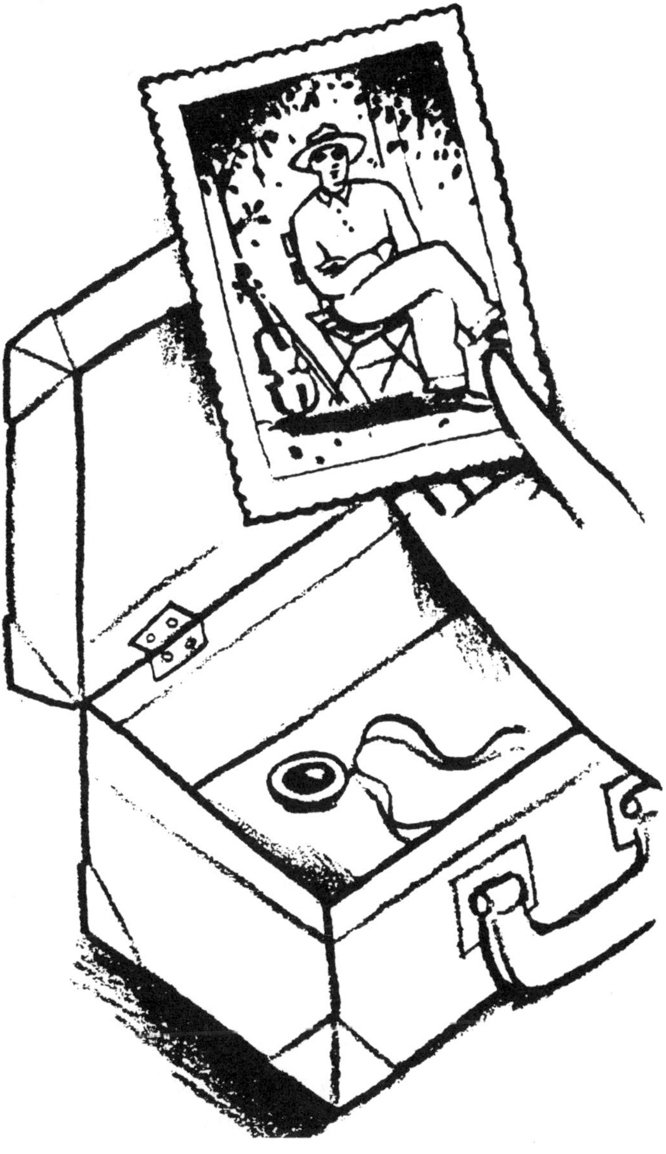

Elle est de forme ronde et une pierre bleue s'y niche en plein centre. Juste à côté, une vieille photo. Toute jaunie.

— Qui c'est, lui? demande Kevin en pointant un personnage sur la photo.

Un homme grand, droit, coiffé d'un chapeau de paille, nous fixe à travers de larges lunettes noires. Il est très large d'épaules et ses mains aux longs doigts fins sont posées sur ses avant-bras croisés. Sa jambe droite est repliée devant sa jambe gauche.

— Je ne le connais pas, répond sa mère. Et toi Lucie, ça te dit quelque chose ce visage?

— Mmm... Non... Vraiment, non!... Je ne vois pas qui cela peut être, répond sa sœur, penaude.

— En tout cas, rien qu'à la façon dont il est habillé, renchérit Kevin, on voit bien que cette photo ne date pas d'hier! Des pantalons comme ça, il y a que les clowns qui en portent encore!

Il rit de bon cœur, Kevin. Il se croit malin. Franchement!...

Je m'écrie soudain :

— Regardez! Regardez! Là... juste derrière lui, appuyé sur le tronc d'un arbre!

— Où ça? demande Kevin qui approche la photo de son nez.

— Là..., dis-je en prenant possession de la précieuse pièce à conviction, appuyé sur le tronc de l'arbre. Il y a un...

La tante Lucie, sans ménagement, m'arrache littéralement la photo des mains et la plante devant son regard affolé.

— Un violon!

— Un violon? répétons-nous tous en chœur.

9

LE GRENIER AUX SOUVENIRS

— Attention aux poteries! Il ne faut rien briser.

Nous marchons tous les quatre le dos courbé sous la voûte.

— Je crois bien que nous pourrons trouver la réponse à cette énigme, dit tante Lucie qui avance tête baissée sous la soupente. C'est ici que j'ai remisé tous les effets de maman. Ses meubles, ses vêtements, ses photos, ses souvenirs importants. En fouillant un peu, on pourra sûrement découvrir qui est ce mystérieux personnage.

Il fait froid dans le grenier. Partout, des toiles d'araignées dessinent des arabesques dans le vide. Partout des coffres, des malles, des meubles.

— On dirait que ton grenier est habité, tante Lucie! lance Kevin, tout fanfaron.

— Pas très drôle, la farce! lui dis-je en le poussant dans le dos. Allez... avance!

— Oh! là... pousse pas!

— Les enfants! Les enfants! C'est pas le temps de se chicaner! réprimande la mère de Kevin.

En bas, la sonnerie du téléphone retentit.

— Oh non!... Je dois redescendre, gémit tante Lucie. Je n'ai pas remis le répondeur en fonction!

Sans m'avertir, elle me remet entre les mains la lampe baladeuse qu'elle a apportée, et redescend.

La sonnerie du téléphone se fait entendre une deuxième fois. Puis une troisième. Une quatrième. Puis, plus rien. Tante Lucie a décroché.

— C'est super tous ces meubles et ces bibelots! dit Kevin, les yeux brillants.

Madame Beauchamps hoche la tête.

— Tous les souvenirs de ma jeunesse. Et surtout de celle de maman.

Elle essuie une larme au coin de ses yeux.

— Thérèse?... Thérèse, tu peux venir ici, s'il te plaît? crie Lucie du bas de l'escalier.

La mère de Kevin hésite. Doit-elle nous demander de venir avec elle ou va-t-elle nous laisser seuls dans ce grenier aux souvenirs?

— Je reviens tout de suite. Et pas de bêtise, hein?

Nous hochons la tête en silence.

Aussitôt sa mère disparue, Kevin m'agrippe par la manche et m'entraîne vers le fond du grenier.

— Viens! On va découvrir les trésors d'Aurore!

Devant nous s'ouvre un univers fascinant. Partout, des meubles anciens, des malles, empilées les unes sur les autres dans un ordre impeccable.

— Le grenier de tante Lucie, ajoute mon copain, les yeux agrandis par la curiosité, c'est comme la caverne d'Ali Baba.

Il se frotte les mains de convoitise. Cette fois-ci, ce n'est pas moi la curieuse!

De mon côté, je reste béate devant cet amoncellement hétéroclite de vaisselle, de porcelaines craquelées, de meubles vernis, de lampes aux abat-jour à dentelles, de jouets anciens, de couvertures enveloppées dans leur prison de polythène transparent, de chapeaux de toutes les formes et de toutes les couleurs, de miroirs au tain noirci, de cadres enfermant des photos jaunies par les ans. Une vraie mine d'or pour la curieuse que je suis ! Je murmure :

— Les souvenirs d'Aurore...

Cet instant a quelque chose de solennel, de presque religieux. Le temps semble s'être arrêté dans l'obscurité de ce grenier. La mémoire revient. Le souvenir reprend vie dans ces objets pourtant inertes.

— Où elle est en ce moment ta grand-mère ? Penses-tu qu'elle est morte ?

Kevin me donne un coup de coude.

— Aïe !

— C'est pas une question à poser, ça ! tonne-t-il rageur.

Pas pire que toi tantôt, me dis-je en moi-même. Je ne fais que me renseigner ! Tout laisse à penser que... enfin ! Cette histoire est bien étrange !

— Regarde là ! me dit soudain Kevin en pointant du doigt une petite malle au couvercle arrondi. Allons voir ce qu'il y a là-dedans !

D'un même mouvement, nous nous dirigeons vers le coffre, dont la forme et la couleur, surtout, attirent le regard. Il a été entièrement taillé dans un bois rouge. Rouge et sûrement foncé par les années. Sur le couvercle bombé, une inscription quelque peu effacée.

— Qu'est-ce qui est écrit ?

Kevin pointe la lampe baladeuse sur le dessus du coffre et se penche au-dessus pour mieux voir.

— SO...V...N... Ah! J'arrive pas à y voir. La lumière est trop vive. Il y a trop de reflets ! s'écrie-t-il, exaspéré.

— Pousse-toi...

Je me penche à mon tour sur le couvercle. Les lettres sont presque illisibles. Le bois, patiné par les années, a effacé les contours en relief, ne laissant apparaître que l'ombre des caractères.

— SO...VNI...

— Va falloir l'ouvrir si on veut savoir ce que c'est, ajoute Kevin, perplexe.

— Ouais...

Kevin et moi nous nous regardons sans mot dire.

Que dira tante Lucie si elle nous voit fouiller dans les affaires de Grand-mère? N'est-ce pas impoli? Mal élevé, comme dirait mon père? Ne devrions-nous pas lui demander d'abord la permission?

Nous tendons l'oreille vers l'escalier. Aucun bruit. Rien. Autour de nous, rien d'autre que le silence du grenier. Un silence bienfaisant et effrayant tout à la fois, qui baigne dans un calme trompeur toutes ces choses inertes qui pourtant semblent vivre. Il n'y a pas d'ouverture dans ce grenier. Pas de fenêtre. Pas de trou d'aération. Pourtant, je vois les plumes des chapeaux qui voltigent au gré d'un souffle invisible.

J'ai soudain peur. Une peur insidieuse, qui fait se hérisser les poils de mes bras et de mes jambes. Une peur qui me noue les tripes. Je n'ose plus bouger, ni même respirer. Je n'ose même pas regarder Kevin qui lui non plus ne bouge pas. Ne parle pas.

Dans ma nervosité, j'appuie sur le bouton de la lampe baladeuse qui s'éteint, nous plongeant dans une obscurité totale. Sous nos mains, le couvercle du coffret semble frémir. C'est l'esprit d'Aurore qui est ici. Avec nous. Je le sais. Je le sens tout près de moi. Il cherche à me toucher. À me faire comprendre quelque chose. À me...

Kevin éternue. Le charme est rompu. Je ne sens plus rien. J'allume la lampe. Le coffre ne frémit plus. Les plumes des chapeaux ont cessé leur danse énigmatique. Tout est redevenu comme avant.

— Ouvrons ! ordonne Kevin.

Le coffre ne résiste pas longtemps. Il n'est pas verrouillé. Quelqu'un est venu, avant nous, y chercher quelque chose.

Ensemble, lentement, très lentement, en fermant à moitié les yeux tellement l'heure est grave, nous soulevons le couvercle.

10

L'ALBUM

— Oooh!... Comme c'est beau!

Je m'extasie devant le trésor que je viens de découvrir, tous ces objets qui miroitent sous la lumière crue de la lampe baladeuse.

Le coffre est rempli à craquer de boîtes, de sacs remplis de colliers, de plumes ou encore de bibelots minuscules.

— Regarde! chuchote Kevin qui s'est emparé d'une bourse de satin noir, fermé par un cordonnet doré.

Nous nous regardons une seconde, juste pour nous rassurer, nous dire que nous avons le droit de fouiller ainsi. C'est pour le bien-être d'Aurore. Ces objets nous permettent de mieux la connaître. De mieux comprendre pourquoi elle a fui. Pourquoi la breloque et la photo? Pourquoi ces deux objets si ordinaires ont-ils pris une importance presque capitale? Plus question maintenant de faire marche arrière.

— Ouvre-le! dis-je à Kevin dans un souffle.

Le petit cordonnet glisse, et Kevin extrait du sac un paquet de foulards de soie tous plus colorés les uns que les autres. Je m'exclame :

— Comme c'est joli!

Kevin les a déjà remis en place au fond de leur écrin de satin.

— Vite! Il faut essayer de trouver ce que nous cherchons avant que Maman et tante Lucie ne reviennent.

Nous tendons l'oreille vers le son étouffé des voix qui montent jusqu'à nous.

— Vite! renchérit mon copain.

Le charme est maintenant tout à fait rompu. Plus de souffle. Plus de silence. Notre peur s'est envolée. Nous plongeons à deux mains dans un trésor de papiers, de soies, de plumes.

Il y a des lettres aux enveloppes jaunies ou tachées. Des livres aux reliures cartonnées. Des cartes postales de la

Californie, de la France et de l'Italie. Des vieilles revues françaises et américaines qu'elle avait rapportées de ses voyages.

— Elle en a des souvenirs, ta grand-mère!

— Ouais mad'moiselle...

Il est tout fier mon copain. Je le sais. Il est fier de sa grand-mère Aurore. Moi aussi, je crois, j'aurais aimé avoir une grand-mère comme elle. Même malade. Même sans autonomie.

Je plonge plus profond et j'extirpe des petites boîtes que j'ouvre l'une après l'autre. Des bijoux, tous plus beaux les uns que les autres. Des épinglettes de jade vert pâle, des breloques d'argent et d'or, des pendentifs aux pierres lumineuses, des boucles d'oreilles aux formes excentriques, des bracelets de largeurs et de couleurs variées.

— Mais il y a assez de bijoux dans ce coffre pour ouvrir une bijouterie! dis-je en riant.

Un bruit venant d'en bas nous fige sur place. Nous entendons nettement les voix de Thérèse et de Lucie qui se rapprochent de l'escalier.

— Vite! crie presque Kevin en essayant de remettre en place les trésors découverts.

— Mais on n'a encore rien trouvé!

— Laisse faire! J'ai pas envie de me faire sermonner à cause de ta curiosité!

— T'es aussi curieux que moi, Kevin Beauchamps! Aussi curieux, sinon pire!

Je gratte frénétiquement le fond du coffre de mes ongles. Des larmes de colère obscurcissent ma vue. Je n'aime pas me faire traiter de curieuse! Mais ce n'est pas le moment des pleurnicheries. Ni des querelles. Je ne me laisserai pas faire. Pas maintenant. Nous sommes trop proches du but. Je sens que la réponse de l'énigme de la photo est là, à ma portée. Presque sous mes doigts. Aurore me guide. J'en suis sûre!

Soudain, tout au fond, j'égratigne une surface de cuir. Non, plutôt de carton velouté. Je tâtonne. Je cherche les contours de ce que je crois être un livre. Je m'énerve. Kevin prend toute la place. Il empiète sur mon territoire de découverte.

— Tasse-toi un peu, monsieur le curieux! lui dis-je, excédée.

— Woh! Je te fais remarquer que ce sont les effets de MA grand-mère et non de la tienne. Compris?

— Ben oui... Ben oui! On le sait que c'est TA grand-mère! Pas la mienne! Moi... je suis juste la curieuse!

Je fouille toujours. Enfin, j'extirpe du fond du coffre un magnifique album à la couverture de cuir.

— Regarde Kevin! Un album de photos!

J'exhibe mon trésor devant ses yeux.

— Yé!... C'est super!

Des pas dans l'escalier nous ramènent à la réalité. C'est tante Lucie qui revient. Va-t-elle se fâcher de notre audace? Saura-t-elle se montrer indulgente envers notre parfois trop grande curiosité?

— Je vois que vous avez trouvé quelque chose!

J'attends la remontrance. La réprimande. J'ai commis une faute. Un sacrilège peut-être?

— Venez! ajoute-t-elle. Il fait un froid de canard ici. Nous allons descendre et examiner cette trouvaille devant un bon chocolat chaud!

Nous la suivons non sans avoir, au préalable, reluqué du coin de l'œil le fond du coffre en quête d'une nouvelle trouvaille. Kevin emboîte le pas à sa tante. Je les suis. Je me retourne une dernière fois pour fixer dans mon esprit l'image de ce grenier dans lequel je ne reviendrai peut-être jamais.

Je redescends doucement les marches du petit escalier. J'éteins la lampe. Le silence et l'obscurité se referment instantanément sur le passé d'Aurore. Un passé truffé de magie et de secrets.

Seul l'album que nous venons de trouver verra la lumière du jour. Je le sens tout chaud, là, sous mon bras. Nous conduira-t-il enfin sur la piste d'Aurore?

11

LE SECRET

— Je vous remercie beaucoup... Oui, oui... c'est ça. Nous attendrons votre appel.

Au bas de l'escalier, la mère de Kevin repose le combiné en poussant un gros soupir.

— Alors? demande tante Lucie.

— Des gens l'auraient peut-être aperçue sur la rue Saint-Jean, mais ils ne sont pas sûrs du tout. Enfin, c'est déjà une piste. Les policiers vont nous tenir au courant.

— T'en fais pas maman, on va la retrouver, Grand-mère. Tiens, regarde ce qu'on a trouvé!

Le téléphone se remet à sonner, coupant les paroles réconfortantes que Kevin adressait à sa mère. Tante Lucie s'empresse d'aller répondre. Madame

Beauchamps, sans plus faire attention aux propos de son fils, se dirige vers la cuisine.

— Je vais préparer le chocolat chaud, histoire de m'occuper un peu... Je n'en peux plus d'attendre ainsi!

Kevin a baissé les yeux en signe d'impuissance. Je lui touche le bras doucement et lui désigne du coin de l'œil le sofa qui nous tend les bras. Il a compris. Nous allons nous affaler sur le sofa qui gémit sous le poids de nos deux corps. Nous n'avons qu'une seule idée maintenant: ouvrir au plus vite cet album trouvé au fin fond du coffre.

— Vas-y, dis-je à mon copain. C'est TA grand-mère après tout!

Kevin ouvre lentement le précieux objet. La reliure de cuir craque sous ses doigts. La première page est vide. Rien. Pas même l'ombre d'une image! Pourtant, en plein centre, le carton noir a conservé une empreinte plus sombre. Comme si une photo y avait déjà pris place. De petites lignes en angle précisent l'endroit où les coins d'une photo avaient été insérés.

— Penses-tu que c'était la place de la photo qu'on a trouvée dans la valise? demandé-je perplexe à mon ami.

Sans répondre, il tourne la seconde page que l'on sent ployer sous le poids de photos encore invisibles à nos yeux.

— Regarde Patricia! Oh! Regarde! C'est Aurore avec le même monsieur!

— Oui! Oui!... Mais où est le violon?

Aurore est toute jeune. Et le monsieur semble plus jeune que sur la photo trouvée dans la mallette brune.

Kevin tourne une autre page.

— Oh! Regarde! Ben ça alors! C'est encore lui!

Kevin, dans son excitation, a fait sortir la pièce à conviction de son encadrement de papier noir. La photo glisse en bas de l'album et tombe face contre terre. Juste à nos pieds. Je me penche pour la ramasser quand une inscription à l'endos pique ma curiosité.

— Il y a quelque chose d'écrit derrière!

Abandonnant l'album sur le divan, nous voilà tous les deux à genoux aux pieds du sofa.

— Jonas Boulay..., lit Kevin à voix basse, 564 rue Montcalm.

Nous en avons le souffle coupé.

D'habitude, nous aurions ri, crié, tapagé même. Mais là, nous demeurons accroupis, muets comme des carpes. Comme si l'esprit du grenier nous habitait toujours.

Des frissons me parcourent l'échine. Kevin ressent la même chose lui aussi. Je le vois à son regard grave.

— Il faut trouver ce monsieur, dis-je tout bas.

— Et Maman?... et tante Lucie?

Je fais un clin d'œil complice à mon copain. Nous sommes maintenant face à face. Nos yeux se parlent. L'excitation nous gagne. Cette énigme devient une sorte de jeu. De jeu de détective.

— Allons voir d'abord, dis-je. La rue Montcalm est à deux minutes d'ici. Nous saurons ensuite si ça vaut la peine de les mettre au courant de notre découverte.

— D'accord! De toute façon, murmure Kevin, elles y seraient probablement allées toute seules en prétextant qu'on est trop jeunes pour ce genre de chose. Alors...

— Mouais!...

Sa mimique en dit plus long que n'importe quel discours. J'éclate de rire. Kevin rit à son tour.

— Viens vite! m'ordonne-t-il.

Je me lève. J'enfouis la précieuse photo dans la poche de mes jeans. Kevin est déjà dans le hall d'entrée.

— Où allez-vous? demande Thérèse Beauchamps qui sort de la cuisine, un cabaret rempli de tasses fumantes entre les mains.

— Faire un tour dehors. Prendre un peu l'air.

Kevin ment bien. Il a toujours eu la façon de dire les choses sans les dire réellement. Bref, un parfait diplomate, comme dit mon père.

— D'accord. Mais ne vous éloignez pas trop. Si je dois m'absenter, je veux savoir où vous êtes et...

— Nous reviendrons bientôt. Ne t'en fais pas Maman. Salut!

En moins de deux, nous voilà dehors. Le souffle du vent d'automne nous pique les joues. Le ciel, maintenant dégagé, est d'un beau bleu pur. Sans nuages.

Sans couleur grise. Comme un beau présage.

— Direction rue Montcalm! lance Kevin en partant au pas de course.

12

LE VIOLONISTE

Un pigeon roucoulant court devant nous. Nous ne semblons pas l'effrayer, même si nous le talonnons de près. De temps à autre il s'envole. Pas très haut. Juste pour nous distancer de quelques mètres. Comme s'il jouait avec nous à «attrapez-moi», ce jeu si populaire dans les cours d'école primaire. Je m'amuse à le regarder faire ainsi le fou. Kevin, l'esprit ailleurs, marche le nez en l'air, à la recherche des numéros inscrits sur les portes des maisons. Soudain, il s'arrête net et je viens me cogner contre son dos.

— Mais on n'a pas idée de s'arrêter aussi brusquement, tu aurais pu me...

Mon copain me pointe de l'index une vieille maison toute délabrée. La plus vieille maison que j'aie vue de toute ma vie!

— Tu es sûr que c'est ici?

Kevin hausse les yeux au ciel et brandit l'adresse de la photo sous mon nez.

— Regarde! 564, c'est bien ici, non?

Je fais la moue. Je n'aime pas beaucoup cet endroit. Moi qui pensais trouver une gentille petite maison, toute semblable à la mienne ou encore à celle de Kevin. La réalité que nous découvrons semble beaucoup moins rose.

Cette maison, vieille, sale et usée par les années, me glace le sang. La peinture est toute défraîchie. Les volets, qui devaient jadis orner les fenêtres, pendent et se balancent au gré du vent dans un grincement lamentable de gonds rouillés.

— Ben vas-y! Qu'est-ce que tu attends? Monte! ordonne Kevin en me poussant dans le dos.

Ça alors! Elle est bien bonne. MONSIEUR veut que je fasse les premiers pas! MONSIEUR veut se cacher derrière moi! MONSIEUR a la trouille et il me place en première ligne de front!

— Vas-y toi-même! Pourquoi ce serait moi? Hein?...

Kevin ne répond pas. Sa bouche s'ouvre et se ferme sans qu'aucun son n'en sorte. Juste un peu de vapeur blanche qui s'estompe rapidement dans l'air glacé.

Nous restons plantés sur le trottoir devant cette maison à l'aspect lugubre, pas invitante du tout. C'est pourtant là que nous mène notre piste. Là qu'Aurore s'est peut-être réfugiée.

Il faut foncer. Avoir du courage. Il en va peut-être de la vie de Grand-mère.

— Allons-y ensemble, dit Kevin. Comme ça...

— D'accord ! Viens.

J'empoigne le bras de mon copain et nous montons les trois marches du perron en ruines.

Le vernis de la porte est tout écaillé. Un carreau de la vitre est brisé. Personne, de toute évidence, n'a pensé à le réparer.

— Peut-être qu'il n'y a personne? dit Kevin, inquiet. Peut-être que cet homme est mort? Peut-être qu'il n'aime pas les enfants? Ou...

Je sonne. Résolument. Pour interrompre ce flot de paroles. J'enfonce bien fort mon doigt sur le bouton afin de ne pas avoir à recommencer. À l'intérieur, un son de carillon anglais retentit.

Nous attendons, la gorge nouée, les mains crispées, le cœur au grand galop. Oui. Ça fait mal d'attendre quand on a peur.

— Y a personne, dit Kevin, la voix tremblotante. Viens on retourne chez...

— Écoute!

De l'intérieur nous parvient un bruit de frottements. Comme des pas qui glissent sur les planches gémissantes du plancher.

— On s'en va! s'écrie Kevin au bord de la panique.

Je le retiens par la manche de son manteau.

— Attends un peu! Attends! On peut pas tout laisser tomber comme ça!

— Non! Non! Je veux rentrer chez toi ou... chez moi!

Il a l'air désespéré, mon copain. Les yeux agrandis par la peur, les joues toutes rougies par le froid, il tremble.

Moi aussi j'ai peur. Mais quelque chose me force à rester. Une petite voix à

564

l'intérieur de moi qui me dit de continuer. De chercher encore...

— Je te dis que...

La porte s'ouvre toute grande.

— Aaah!!!

Kevin et moi avons crié en chœur. Pour nous défendre, mais surtout pour enlever ce poids énorme qui nous comprime la poitrine. Nous restons plantés là, tout engourdis, et le froid n'en est pas la seule cause.

— Oui?... Qui est-ce?...

Devant nous se dresse l'homme de la photo. Il est plus vieux, mais c'est bien notre homme. Je le détaille rapidement. Même air hautain. Même nez aquilin. Même...

— Aaah!!!...

J'ai crié une seconde fois, imitée par mon copain qui me pince l'avant-bras sans s'en apercevoir. Je me dégage de son emprise et recule d'un pas.

Sur les photos, l'homme portait des lunettes noires. Mais ici... Ses yeux! Ses yeux!

— Qui est-ce? Qu'avez-vous à crier comme ça?

— Mon... monsieur Bou... Bou...lay?

J'articule difficilement.

— Oui. C'est bien moi!

Je me râcle la gorge. J'essaie de rassembler mes idées. Et surtout, je cherche à éviter ces yeux qui me fixent intensément.

— Nous sommes à la recherche de madame Aurore Huot. L'auriez-vous vue par hasard?

L'étranger se met à sourire d'abord. Puis à rire. De plus en plus fort. Un rire démentiel, qui résonne à nos oreilles engourdies comme un bruit de grelots...

— Si je l'ai ... VUE?...

Et il rit encore et encore.

— Entrez... Entrez. Je vais vous expliquer. Venez.

— C'est que... commence Kevin, hésitant, nous ne pouvons... nous n'avons pas le droit de... d'entrer chez un inconnu et...

Le sourire de l'homme s'efface lentement.

— Je comprends... Vous faites bien!

Il se râcle la gorge à son tour. Tiens! A-t-il peur lui aussi? Ou a-t-il quelque chose à cacher?

— J'ai ri, tout à l'heure parce que voyez-vous... et bien, mes yeux...

Il les ouvre tout grands. D'abord, nous n'osons pas trop regarder, puis nous nous hasardons...

Ils sont énormes! L'un est bleu, l'autre vert. C'est affreux. Mais c'est surtout cette fixité qui...

— Ils ne voient rien. Rien du tout! Je suis... aveugle.

J'ouvre la bouche. Kevin me pousse du coude. Voilà donc le pourquoi de ce regard fixe!

— Je n'ai donc pas pu voir Aurore Huot. Aurore?... Je ne l'ai plus vue depuis... oh! il y a très très longtemps. Elle est morte, je crois!

— Non. Non, réplique alors Kevin. Elle n'est pas morte, elle a seulement disparu.

— Disparu?

— Oui, dis-je, elle souffre d'une maladie qui lui fait oublier qui elle est, où elle est et ce qu'elle fait. Elle a quitté le centre d'accueil ce matin. Nous avons retrouvé sa valise près d'un banc et votre photo était dedans.

L'homme aux yeux étranges baisse la tête. Il semble triste. Très triste tout à coup.

— Je suis désolé, dit-il tout bas. Elle n'est pas venue. Je regrette de ne pouvoir vous aider davantage. Mais si j'ai des nouvelles, j'avertirai... Mais qui dois-je avertir?

Nous hésitons. Quel numéro de téléphone faut-il lui donner?

— Le 567-4343, répond Kevin. C'est chez moi.

— La police aussi est à sa recherche.

J'ajoute ce détail pour bien lui montrer qu'il ne s'agit pas d'un mauvais tour.

— La police? Bon. Merci du renseignement. Si elle vient à passer, je vous téléphonerai. Au revoir.

Et il referme doucement la porte de la maison, nous signifiant ainsi que l'entretien est bel et bien terminé.

Nous restons là, les bras ballants. Nous ne nous attendions pas à trouver un aveugle. Un aveugle violoniste!

— Ouais... dit Kevin. On n'est pas plus avancé!

Nous nous arrêtons sur la première marche du petit escalier qui nous sépare du trottoir. Soudain, de l'intérieur nous parvient une douce mélodie. Une mélopée, comme dirait mon prof de piano, car l'air en est triste à mourir. C'est l'homme à la photo qui joue de son violon.

Kevin saute par-dessus les deux dernières marches et atterrit sur le trottoir.

— Bon. Aurore n'est pas venue ici. Hein?

— Je n'en suis pas si sûre... Pas sûre du tout...

Je suis songeuse.

— Viens vite. On retourne chez tante Lucie.

13

LA MAISON DE CARTON

Il doit être au moins une heure de l'après-midi. J'entends mon estomac qui grogne et proteste.

— J'ai faim, s'exclame mon ami en se frottant le ventre.

— Ouais... moi aussi.

Nous contournons un bosquet d'arbres dont les feuilles s'étalent par terre comme une robe pourpre et or.

— Ce sera bientôt l'hiver, hein?

Kevin aime bien parler de la température. Des saisons. De ce qu'il voit et ressent au contact de la nature.

— Je crois que oui. En tout cas, il fait de plus en plus froid.

Je jette un regard vers le parc voisin.

C'est un beau petit parc au centre du quartier. Un joli coin de verdure où

Kevin et moi passons de bons moments en compagnie des autres copains.

— Kevin! Kevin regarde vite! Là-bas!

Je pointe de l'index une minuscule silhouette qui marche lentement, le dos vouté, sur le petit sentier. C'est une femme sans aucun doute. Elle porte un manteau gris pâle et un petit chapeau vert.

Kevin l'aperçoit à son tour.

— Grand-mère!... GRAND-MÈRE!

Il démarre au pas de course. Il vole. Les pieds lui collent aux fesses tant il court vite!

— Attends-moi! KEVIN!!!

Je m'élance pour le rejoindre. La petite silhouette a maintenant disparu derrière un bouquet d'arbres dont les feuilles encore vertes semblent s'accrocher désespérément à leurs branches. Nous suivons le petit sentier dont le gravier crisse sous chacun de nos pas.

Nous avons reconnu le chapeau. Le chapeau vert avec les deux plumes qui forment un V sur le côté. En haut de la côte, nous faisons un arrêt, tout essoufflés. Cherchant du regard la dame qui semble s'être volatilisée comme par enchantement.

— Mais où est-elle? demande Kevin interloqué. Il y a pas deux minutes elle tournait ici! Je le sais! Je l'ai vue!

— Ouais!... C'est bizarre! Moi aussi je l'ai vue tourner dans cette direction.

Mon ami et moi scrutons attentivement les alentours. Mis à part les bosquets, les arbrisseaux, un grand sapin et le vieux banc de bois esseulé qui semble nous ouvrir les bras, nous ne voyons rien d'autre qu'un grand carton appuyé contre les branches basses d'un sapin. Il semble être là depuis longtemps. Oublié par une bande d'enfants qui jouaient à cache-cache. Il est tout trempé.

— Bon! Et bien on l'a perdue! dis-je. Dommage. Elle est peut-être allée vers la fontaine. Allons voir!

Je me retourne, prête à reprendre la course, quand tout à coup, le carton qui, quelques secondes auparavant, nous semblait un objet de rebus, se met à bouger. Je chuchote :

— Kevin... Kevin... Là.

Je pointe cet objet insolite qui semble maintenant danser devant nos yeux. Il ondule. Se baisse. Semble vouloir se déplier comme pour nous narguer, nous ensorceler.

— Patricia, vite, courons !

Kevin tourne brusquement les talons et vlan !, il se prend le pied dans une racine et s'étale de tout son long sur le sol spongieux. Au même moment, le grand carton tombe sur le sol, dévoilant une petite femme, toute vieille, toute sale, les cheveux gris en broussaille sous un petit chapeau vert orné de deux plumes.

Je recule d'un pas, terrifiée par cette apparition. Je heurte mon ami qui est toujours par terre et viens m'effondrer sur lui.

— Ha ! Ha ! Ha !... Ho ! Ho ! Ho !

C'est la petite vieille qui rit à s'en prendre les côtes. À s'en taper sur les cuisses. Ce simple rire la fait paraître moins vieille, moins sale, moins laide. Elle a des dents d'une blancheur éclatante.

— Je vous ai fait bien peur, hein ?

Elle rit encore et encore.

Nous nous relevons. Gênés. Pour me redonner contenance, je frotte mon coude douloureux. Kevin brosse sur sa manche un petit amas de terre mouillée.

— Que cherchez-vous les enfants? demande alors la vieille en s'approchant de nous.

Nous reculons d'un pas. De deux. Pour nous garder à distance de cette femme étrangement sale.

— Grand-mère... commence Kevin dans un souffle.

— Grand-mère? coupe la vieille.

— Oui, dis-je enfin, sa grand-mère Aurore a disparu et...

Je fixe intensément le petit chapeau vert qui orne toujours la tête de la vieille dame. Celle-ci suit mon regard et, sans attendre, enlève le couvre-chef.

— C'est à elle je suppose? demande-t-elle en pointant le deuxième indice sous notre nez.

— Oui, dit Kevin.

— Je le savais! tonne la vieille en se tapant dans les mains, écrasant ainsi l'arrondi du feutre.

Elle fait deux ou trois pas sans parler. Sans rire. Nous attendons en silence qu'elle veuille bien nous dire comment elle s'est procuré ce chapeau. Nous voulons des explications.

— Ce matin, une dame est venue s'asseoir sur ce banc. Là, nous dit-elle en pointant le seul banc de l'endroit. Je suis allée la rejoindre, histoire de faire jasette. Elle m'a parlé un peu. Oh!... Pas beaucoup beaucoup. C'est plutôt moi qui ai parlé. Vous savez, quand on peut avoir quelqu'un qui nous écoute, nous, les vieux, on s'en donne à cœur joie. À un moment donné, je lui ai dit que je trouvais son chapeau très joli. Alors, sans hésiter, elle me l'a donné.

Elle s'arrête. Hésite. Semble chercher dans ses souvenirs nébuleux si c'est bien la vérité.

— C'est bien cela! Elle me l'a donné! Enfin... je crois bien que...

Elle se tait une seconde fois. Porte un index aux ongles noircis sur sa joue creuse.

— Elle me l'a donné! Ou bien est-ce que je l'ai trouvé? Oui, c'est ça!... je l'ai trouvé!

Kevin et moi échangeons un regard surpris.

— C'est tout ce que je sais! Bon! Allez-vous-en maintenant! Je dois travailler. Allez! Ouste! Je suis professeur et mes élèves m'attendent.

Elle se met à battre l'air des mains à grands gestes répétés. Kevin et moi demeurons interdits. Le discours de la vieille dame nous semble si étrange. Celle-ci, sans un salut, retourne vers sa cache et ramasse rapidement les maigres affaires qui composent sa maison. Nous fixons, hébétés, la pauvre femme qui semble n'avoir pas plus de mémoire que Grand-mère Aurore elle-même.

14

La vieille Joséphine

— Mais on ne peut pas la laisser filer comme ça ! s'exclame Kevin. C'est la dernière personne à avoir vu Grand-mère. Il faut avertir la police !

Nous sommes tous les deux assis sur le banc. La rencontre avec la vieille femme nous a laissés songeurs. Penauds même. Comment faire pour la retenir, l'emmener avec nous ? Comment la faire parler sans lui faire peur ? Comment ?...

Kevin se lève et cherche du regard la petite silhouette au manteau gris.

— Suivons-la de près, je te dis ! Et vite ! Sinon, il sera trop tard.

Je me lève d'un bond. Il a raison mon copain. Il faut à tout prix savoir par quel chemin est repartie Grand-mère. Seule la clocharde le sait.

— Viens vite !

Je cours devant Kevin. Je grimpe à toute vitesse la petite colline qui nous cache maintenant la vieille femme frêle et sa maison de carton. Nous nous arrêtons, pour la deuxième fois, en haut du promontoire, essoufflés, affamés et quelque peu fatigués.

— Là-bas! s'exclame Kevin en pointant du doigt une forme carrée qui se faufile comme une grosse limace entre les arbres aux troncs noircis. C'est elle! C'est elle! Elle n'est pas bien bien loin. Il faut la rattraper!

Nous dévalons la pente. L'espoir nous donne des ailes. L'air froid nous frappe le visage. C'est une chasse à «l'homme» comme nous n'en avons encore jamais fait. Une aventure vraiment «trippante»!

Nous arrivons maintenant tout près du but. Le carton s'est soudain immobilisé. Nous nous arrêtons à notre tour. Là... juste à la gauche d'un petit bosquet, deux policiers semblent chercher eux aussi. La vieille recule lentement, bifurque vers des arbres plus grands. Nous la suivons. Soudain, le carton semble s'affaisser sur le sol humide. Derrière, nous entrevoyons la petite bonne femme qui, telle un gnome des bois, va se terrer sous les branches d'un sapin.

— Viens, dis-je alors à Kevin. Allons la rejoindre.

Nous avançons rapidement pour ne pas nous faire voir des policiers qui s'approchent. Sans un mot, nous nous coulons aux côtés de la vieille femme au manteau gris.

— Qu'est-ce que vous faites là, vous deux? demande-t-elle, les yeux hagards. Il n'y a pas de place pour vous. Allez! Fichez-moi le camp!

— On est là pour vous aider, lui dis-je gentiment. N'ayez pas peur.

Elle plonge son regard inquiet dans le mien. Puis elle se tourne vers Kevin.

— Est-ce qu'on s'est déjà vu quelque part?

Kevin, abasourdi, ne sait que répondre.

— Je m'appelle Joséphine. Et toi, gamin?

— Kevin... je m'appelle Kevin. Et elle, c'est Patricia.

— Bon! Alors bienvenue chez moi! lance alors la pauvre femme.

— Chuuut!...

J'entends des pas sur le sol. Des martèlements sourds. Je n'ose soulever les branches touffues pour voir qui s'approche. Les policiers, sans aucun doute! Ils sont à la recherche de Joséphine.

Devant nos yeux, deux paires de souliers de course surmontés de mollets rebondis passent en vitesse.

— Fiou! Des «joggeurs», soupire Kevin.

Soulagé, il soulève doucement une branche basse et scrute les alentours, imité par la vieille Joséphine.

— Est-ce qu'ils sont partis? demande celle-ci.

— Les «joggeurs»? demande Kevin.

— Non, non! Les policiers!

Kevin me lance un regard de connivence. Pas si «mêlée» que ça, la Joséphine!

— Ils ne sont plus là. Enfin, je ne les vois pas.

— C'est bon! C'est bon! dit la vieille en se mettant à quatre pattes et en se coulant doucement hors de son abri. On va pouvoir être tranquille maintenant.

Kevin et moi sortons à notre tour de cet abri de fortune qui sent le carton mouillé.

Dans le parc, les quelques rayons de soleil qui réchauffaient un peu la dernière verdure ont disparu. La soirée s'annonce froide. Je demande à Joséphine :

— Où demeurez-vous? Nous allons vous reconduire.

Elle se redresse alors de toute sa petite taille et, le regard en feu, les joues rosies par une émotion intense, se met à me crier par la tête.

— Je ne retournerai jamais là-bas! Tu m'entends, Jeannette? Je ne remettrai certainement pas les pieds dans cette tombe! Cette prison! Cette... cette...

Les mots lui manquent. Le souffle aussi. La voilà qui tousse. Qui crache par terre.

— J'en suis sortie. Je n'y retournerai pas, continue-t-elle. J'aime mieux vivre dans les parcs et dans les rues que de vivre entre des murs qui se resserrent sur moi de jour en jour. Au centre d'accueil, ils disent que je suis folle! Mais moi je sais que je ne suis pas folle. Pas folle du tout!

Elle s'agite, se trémousse comme si quelqu'un cherchait à lui prendre le bras. Elle semble lutter contre un ennemi imaginaire.

Kevin et moi reculons, effrayés par tant d'animosité. Nous ne savons plus quoi faire. Je scrute les alentours à la recherche des deux policiers. Personne!

Nous voilà dans de beaux draps! Kevin fait un pas de côté, prêt à déguerpir au moindre signe. Je reste là. Figée. Ne sachant plus que dire ni que faire.

Un bruit derrière moi me glace le sang. Un bruit de pas qui glissent sur l'herbe morte.

Je me retourne en vitesse.

— Ah!!!...

— Aah!!! fait Kevin à son tour.

— Aaah!!! s'écrie Joséphine.

Devant nous se dresse, une canne blanche à la main, droit comme un peuplier, un grand vieillard aux yeux sans regard.

15

SUR LES TRACES DU PASSÉ

— Excusez-moi de vous avoir fait peur ainsi, commence Jonas Boulay. Je n'ai pas l'habitude de sortir sans mes lunettes.

Il attend un moment, prend une profonde inspiration et se met à jouer sur le sol du bout de sa canne blanche.

— Je viens ici tous les jours, histoire de prendre l'air et...

— Oui, oui! s'exclame Joséphine qui s'approche de lui avec entrain. Je vous reconnais. Venez, on va aller dans ma maison.

Sans vraiment lui demander son avis, elle l'entraîne d'un bras impératif vers le carton replié, planté là comme un témoin silencieux.

Kevin me lance un clin d'œil moqueur. Je lui souris. C'est vraiment quelqu'un, cette Joséphine!

— Venez vous aussi les enfants! Venez! On va vous raconter des histoires! lance-t-elle en agitant les bras vers nous.

— Tu crois pas qu'il serait temps de rentrer? Maman va peut-être s'inquiéter, me rabâche un Kevin qui se frotte le ventre tant il a faim.

— Toi aussi, tu as faim?

— Tu parles!!! Je n'ai rien avalé depuis le déjeuner.

— Ouais... Je crois qu'on ferait mieux d'y aller tout de suite.

Nous reculons lentement afin de prendre congé de nos vieux amis, quand le violoniste lève soudainement la tête. Il tend l'oreille comme s'il percevait, parmi les bruits qui nous entourent, des sons inaudibles pour nous.

— Vous entendez? demande-t-il mystérieusement.

Nous tendons l'oreille à notre tour, cherchant à percer le mur du silence et du bruit. Cherchant, dans le souffle du vent de cette fin de journée, une note,

une mélodie. Une énigmatique réponse à une musique venue d'on ne sait où.

— Non... non, je n'entends rien. Et vous les enfants? demande Joséphine.

Kevin hoche la tête d'un signe affirmatif. Les sourcils haut levés au-dessus de ses yeux agrandis, les narines frémissantes, il fixe intensément un point à l'horizon, juste devant nos vieux amis. Un point qui bouge et se déplace lentement. Un point d'où s'échappe une douce mélodie répercutée en écho par le vent du soir. Un point qui semble à tout moment vouloir disparaître tant il est petit.

Je suis, moi aussi, hypnotisée par ce point au loin qui nous attire comme un aimant.

— C'est elle..., murmure Jonas le violoniste. C'est Aurore... Mon Aurore... Celle que j'ai connue. Celle qui a fait vibrer mon âme grâce à sa voix mélodieuse. Cette voix, je la reconnaîtrais entre toutes!... C'est la voix d'Aurore!

Des frissons me parcourent l'échine. Non pas à cause de l'apparition de cette silhouette au loin, mais bien à cause du ton qu'a employé monsieur Boulay quand il a prononcé le nom de la grand-mère de Kevin.

— Mais que voyez-vous là ? demande Joséphine, qui n'a pas semblé suivre le cours de la conversation.

Kevin est le premier à réagir.

— Vite ! Il faut la suivre ! C'est sûrement Grand-mère qui cherche à retrouver son chemin. Elle est sans doute complètement perdue et...

— Non mon p'tit gars. Non, coupe le violoniste. Elle n'est pas perdue. Elle sait très bien où elle va et ce qu'elle va faire.

Sa canne devant lui, il se met à avancer lentement sur l'allée gravillonnée. Je le regarde. À chaque fois, la haute taille de cet homme m'intimide. À moins que ce ne soit ce regard fixe et trop clair ?

— Nous n'avons qu'à suivre les traces du passé, annonce-t-il d'un ton mélancolique.

— Les traces du passé ? dis-je. Mais qu'est-ce que ça signifie ?

Jonas Boulay, aidé de Joséphine qui s'accroche toujours à son bras , accélère le pas en direction de l'endroit où, quelques minutes auparavant, s'est évanouie la silhouette de la mystérieuse chanteuse. Sa canne frappe les cailloux à une cadence saccadée. Comme en staccato.

Nous les suivons de près. Muets. Ne voulant en rien troubler ce moment qui semble, somme toute, plus important que tous les autres. Nous ne savons pas où tout cela nous conduira, où cette aventure bizarre se terminera, mais il n'est maintenant plus question de reculer. Nous devons suivre cette piste que seul le vieil aveugle semble connaître.

— Mais où allons-nous comme ça? demande Joséphine que cette «chasse à l'homme» semble impatienter de plus en plus.

Jonas ralentit l'allure.

— Nous allons vers le seul endroit dont Aurore puisse se souvenir, dit-il comme pour lui-même. Le seul qui puisse être à jamais gravé dans sa mémoire défaillante. Un endroit rempli des plus beaux, des plus merveilleux souvenirs que moi-même j'ai conservés pendant toutes ces longues années de solitude. Celui qui a abrité notre premier baiser. Celui qui a vu fleurir le printemps de nos vingt ans. Celui où je l'ai demandée en mariage. Celui, hélas, où elle a refusé. Celui où pourtant, malgré ce refus, nous nous retrouvions chaque jour. Tous les trois. Elle, moi et mon violon...

Une petite colline à la pente plus abrupte donne un peu de fil à retordre à notre violoniste, qui trébuche sur un caillou importun. Kevin, rapide comme l'éclair, s'empresse de le soutenir, remplaçant ainsi la canne du vieil homme.

— Merci p'tit gars. Merci, dit le vieil homme. Je crois que je peux continuer avec ma canne. C'est ma vieille amie depuis toujours. Elle ne m'a jamais fait faux-bond. Elle reste celle sur qui je peux m'appuyer en tout temps. Elle est à la fois mes yeux, mon guide et mon amie.

Kevin revient près de moi la tête basse. D'un geste amical, je lui serre l'avant-bras en signe d'appréciation et de réconfort. Je lui chuchote à l'oreille :

— C'est bien ce que tu as fait. Très bien !

Il me sourit et relève fièrement la tête.

Nous avons maintenant atteint l'autre côté du parc. Jonas bifurque alors à droite, juste à côté de la clôture derrière laquelle il nous a semblé voir disparaître Aurore. Nous le suivons. Joséphine, redevenue silencieuse, marche à petits pas à côté du géant violoniste. Nous nous dirigeons vers une petite ruelle qui s'étire vers le nord.

Des immeubles aux murs de briques rouges et aux toits d'aluminium gris la bordent. Nous sommes à l'orée du quartier des Pommiers.

C'est un vieux quartier. Sans maisons neuves et sans immeubles à étages. Les galeries étagées offrent à nos regards inquiets leurs réserves d'objets hétéroclites, entassés les uns près des autres dans un ordre qui nous échappe. L'obscurité grandissante leur donne un aspect lugubre et monstrueux.

— Écoutez... murmure à nouveau Jonas.

Il s'est arrêté et pointe, intuitivement, un index long et osseux vers un petit hangar aux murs délabrés, sis entre deux galeries basses.

Nous stoppons à notre tour et examinons ce hangar à la porte grise.

— Écoutez-la chanter...

Une voix un peu chevrotante, portée par le vent automnal, nous parvient clairement. C'est une voix de femme, lointaine et proche à la fois, aux doux trémolos.

Parlez-moi d'amour.
Redites-moi des choses tendres.
Votre beau discours,
Mon cœur n'est pas las de l'entendre.
Pourvu que toujours,
Vous répétiez ces mots suprêmes :
Je vous aime...

— Au...Au...rore..., balbutie le géant qui tremble de tous ses membres. AURORE ?...

Dans le hangar, la voix s'est tue. Le silence tombe sur nous comme une chape de plomb.

C'est infernal un silence comme ça. Ça vous torture plus les oreilles que le bruit le plus perçant. Ça bourdonne. Ça envahit tout, efface tout le reste.

La porte du hangar s'ouvre lentement. La silhouette d'une femme toute frêle se profile dans l'encadrement. Elle regarde dans notre direction, comme si elle avait toujours su qu'on serait là. Elle plisse les yeux, cherchant à reconnaître quelque chose ou quelqu'un.

— Jonas?...

16

LES VIEUX FIANCÉS

Mmmmm!... Que c'est bon un sandwich au fromage et un verre de jus de pomme! Oh, bien sûr, ce n'est pas mon mets favori mais j'ai si faim que j'avalerais n'importe quoi! Kevin, assis à mes côtés, enfourne de si grosses bouchées que ses joues gonflent comme un ballon. Une vraie face de mongolfière!

— Prends le temps de mâcher Kevin, lui dit sa mère. Tu vas t'étouffer!

Je pouffe de rire en m'imaginant un Kevin tout rouge à force de ne pouvoir engouffrer de nourriture dans sa bouche déjà trop pleine. Ce dernier me regarde et plisse le nez. Histoire de me faire une grimace. Son nez semble si petit entre ses deux grosses joues que ça le rend laid. Très laid et très drôle en même temps.

— Alors, me demande tante Lucie, ta mère ne s'est pas trop inquiétée?

— Ça va...

Je marmonne entre deux bouchées.

Lorsque j'ai téléphoné à maman pour lui dire que je restais à souper chez la tante Lucie, je lui ai annoncé la bonne nouvelle. «Tu sais, on a retrouvé la grand-mère de Kevin... oui, oui... on l'a retrouvée nous tout seuls!... Tu ne me crois pas? Veux-tu parler à madame Beauchamps? Bon!... Oui... Elle va très très bien... Elle a même rencontré son ancien fiancé! Oui! C'est super!... C'est un violoniste et elle était chanteuse dans ses jeunes années. C'est lui qui nous a conduits jusqu'à l'endroit où ils pratiquaient ensemble et où ils se sont vus pour la dernière fois. Un vieux vieux hangar qui n'a pas été démoli. Une chance!... Non je ne dérange pas! C'est la tante Lucie qui m'a invitée elle-même à rester à souper. Elle veut me récompenser pour... O.K., je serai à la maison à huit heures... Juré!... Merci maman. Bye!»

Kevin s'essuie les lèvres du revers de la manche.

— Kevin..., le réprimande sa mère, ce n'est pas une façon de s'essuyer la bouche à la table. Tu sais bien que...

— Ben voyons, ma fille, réplique Aurore sur un ton amical, c'est pas grave, ça!

Nous regardons tous cette petite femme dont la courte disparition a causé tant d'émoi. Elle semble ne jamais avoir quitté cette maison. On la sent à l'aise. Chez elle. Monsieur Boulay est assis bien droit à ses côtés.

— Vous reprendrez bien un bon carré aux dattes, monsieur Boulay? offre tante Lucie sur un ton invitant.

Le violoniste prend le temps de se râcler la gorge avant de répondre.

— Je vous remercie, mais il se fait tard et je dois absolument vous quitter. Je suis un peu fatigué. Je n'ai pas l'habitude de sortir si tard dans le parc au mois de novembre...

Il repousse sa chaise et s'apprête à se lever. Grand-mère se lève à son tour et s'approche de lui. Elle pose une main à la peau parcheminée sur celle aussi marquée par les ans de son vieux compagnon.

— J'espère bien vous revoir, mon cher ami.

Jonas Boulay tourne vers elle un visage rayonnant.

— N'ayez crainte, ma belle chanteuse! Je vous ai retrouvée et ce n'est sûrement pas pour vous laisser repartir aussi vite. Autrefois, nous formions un si beau duo... Vous vous rappelez?

— Oui... c'était si beau. Si beau!...

Nous restons suspendus aux lèvres des deux octogénaires, mais ils semblent maintenant ne plus vouloir parler. Nous attendons une suite qui tarde à venir. La suite d'une belle histoire passée en train de renaître au présent.

— Quand j'ai entendu votre voix, au parc, cet après-midi, j'ai cru que je rêvais. Tout cela est si loin...

Grand-mère a repoussé la chaise du vieil aveugle et l'entraîne vers le hall d'entrée, suivie de madame Beauchamps et de tante Lucie. Celle-ci sort du placard le paletot du violoniste. Grand-mère s'en empare vivement et le pose amoureusement sur les épaules du géant.

— Au revoir Jonas, murmure-t-elle avec tendresse.

— Au revoir Aurore.

Nous regardons partir ce vieil homme qui nous a tant effrayés et tant aidés à la fois. Nos pensées volent alors vers une autre personne dont nous déplorons l'absence. La petite Joséphine que les policiers ont emmenée avec eux au poste de police.

Le bruit sec de la porte qui se referme brise l'enchantement et nous ramène à la simple réalité d'une fin de journée bien remplie.

Je m'étire les bras. Je me tords sur la chaise. Je n'en peux plus. Je reluque du côté de l'horloge qui orne le mur de la cuisine. Dix- neuf heures trente!

— Je dois partir tout de suite! Maman m'attends pour huit heures!

C'est madame Beauchamps qui réagit la première.

— Tu as raison! Il est tard et nous devons partir nous aussi. Je vais aider tante Lucie à laver la vaisselle et à installer maman pour la nuit, puis....

— Laisse tout ça là!, ordonne Lucie. Je vais très bien me débrouiller avec la vaisselle. Et aussi avec maman. Elle couchera avec moi. Comme ça, je pourrai la surveiller, ajoute-t-elle en riant.

Madame Beauchamps, du regard, nous invite à nous dépêcher. Elle enfile son manteau et nous tend les nôtres d'un geste impératif. Kevin bâille à s'en décrocher les mâchoires.

— Bonne nuit tante Lucie. Bonne nuit Grand-maman.

Celle-ci ne répond pas. Le regard dans le vide, elle reste debout, les mains croisées sur le ventre. Elle n'est soudainement plus avec nous. Comme si un enchanteur lui avait d'un coup de baguette fait perdre la notion du temps et des lieux. Elle demeure ainsi silencieuse. Immobile. C'est à n'y rien comprendre. Elle me fixe d'un air bizarre.

— Vous reviendrez, mademoiselle, je vous préparerai des «rêves». Bonsoir...

Lucie, Kevin, Thérèse et moi, nous nous regardons inquiets.

— Tu crois que ça va aller? demande Thérèse à sa sœur Lucie.

On sent l'inquiétude grandir dans la chaleur de la petite demeure. Grand-mère est redevenue lointaine. Absente. L'esprit égaré par cette maladie qui la fait tantôt se comporter normalement, tantôt l'entraîne dans un monde inconnu de nous. Dans son monde. Dans son passé. Kevin me regarde, penaud et inquiet. Il pousse un profond soupir de lassitude.

Sur l'ordre muet de madame Beauchamps, nous quittons la petite maison. Nous nous engouffrons à l'arrière de la voiture des Beauchamps que Thérèse est allée chercher pendant notre course dans le parc. Silencieux. Mal à l'aise. Sachant que tout est à recommencer avec Grand-mère. Que la chanteuse a, de nouveau, perdu la mémoire.

17

Un samedi pas ordinaire

— Ah! Ah! Pas de chance, tu es sur mon terrain. Tu me dois vingt-cinq dollars!

— C'est pas drôle, Kevin Beauchamps! Tu as tous les terrains! C'est sûr que j'ai jamais de chance!

Je lui tire la langue. Je n'aime pas perdre. Oh non!

— T'as juste à t'en acheter, des terrains...

— J'ai pas assez d'argent!

— Ah! Ben là... ajoute mon copain, haussant les épaules en signe d'impuissance.

Oh! Ce qu'il me choque quand il se donne ces airs supérieurs! C'est toujours pareil quand c'est lui qui gagne. Il me fait sentir toute petite, toute niaiseuse. Une moins que rien, quoi!

— Quelle heure est-il? demande-t-il soudain.

Je jette un coup d'œil rapide à la montre-bracelet que j'ai reçue à ma fête.

— Il est temps de partir, je crois.

Un bruit en haut de l'escalier nous fait lever la tête.

— Maman? appelle Kevin.

— Ouais... qu'est-ce qu'il y a?

Thérèse Beauchamps pointe son nez en haut de l'escalier du sous-sol et nous regarde en souriant.

— Es-tu prête à partir? s'impatiente mon copain.

— Pour aller où? répond-elle moqueuse.

— Ben voyons M'man... C'EST SAMEDI!

Le voilà debout. Il a renversé la table du jeu de Monopoly.

— Allez viens vite! On va être en retard!

Je le regarde, bouche bée. Je lance un coup d'œil à Thérèse qui me regarde en riant.

— Tu viens aussi, Patricia. On t'emmène. Ta mère est déjà au courant, je lui ai téléphoné il y a quelques minutes. On a une surprise pour toi.

Kevin est déjà en haut de l'escalier. Il me regarde et se pince les lèvres pour ne pas parler. Nous enfilons nos manteaux d'hiver, car déjà la neige a étendu sa pelisse blanche sur les gazons avoisinants. Je chausse rapidement mes bottes et hop!, nous voilà tous les trois dehors.

Monsieur Beauchamps et Lucie nous attendent déjà dans la voiture.

— Direction Le Temps des cerises! lance Thérèse Beauchamps.

18

LE TEMPS DES CERISES

L'automobile s'arrête devant un immeuble à deux étages. Tout blanc. Tout invitant. De jolis volets rouges encadrent les fenêtres. Dans le jardinet qui nous accueille, trois cerisiers à l'écorce rougeâtre se dressent dans le ciel d'un bleu ardent.

— Mais c'est très joli, ici ! s'exclame tante Lucie en écarquillant les yeux de bonheur.

Madame Beauchamps semble ravie de cette opinion.

— Oui ! C'est très bien ! Et pas trop cher en plus !

Nous gravissons en hâte les trois marches qui nous séparent de la porte d'entrée et, sans hésiter, sonnons.

— C'est un centre d'accueil ici ?, dis-je à mon copain.

— Tiens! Tiens! Mademoiselle la curieuse se remet à poser des questions? fait-il, narquois.

Je lui pince le bras à travers la manche de son manteau et je souris.

— Oui! C'est un chouette, celui-là! répond-il enfin. Maman a dit à Papa que Grand-mère serait beaucoup mieux ici, parce qu'il y a des gens spécialisés qui peuvent prendre soin d'elle. Ils connaissent un tas de choses sur la maladie d'Alzheimer. Ils disent qu'il faut stimuler la mémoire des malades en leur parlant de leur passé. Et tout, et tout...

— Woh!... Ils doivent avoir beaucoup de travail, car elles en ont long, du passé, les vieilles personnes!

Kevin hoche la tête.

Un jeune homme en uniforme blanc vient nous ouvrir.

— Bonjour! Entrez donc!

Nous pénétrons sans plus attendre dans le centre d'hébergement. Un brouhaha venant de la gauche attire notre attention. Dans un petit salon, quatre personnes jouent aux cartes en riant. Deux autres savourent une crème glacée en jasant haut et fort.

— Nous venons voir Aurore Huot, annonce la mère de Kevin à l'homme en blanc.

Celui-ci nous indique un corridor opposé à ce salon plein de vie. Nous emboîtons le pas à Thérèse dans le couloir large et clair de ce nouveau centre d'accueil.

À peine avons-nous fait trois mètres que nous nous retrouvons devant une porte ouverte. Kevin, sans hésiter, passe la tête dans l'encadrement.

— Bonjour Grand-maman!

Aurore est là. Tranquillement assise dans sa chaise berçante, elle plie machinalement de petits carrés de toile blanche qu'elle empile juste à côté d'elle, sur son lit au couvre-pied jaune.

Je m'avance vers elle à mon tour.

— Bonjour madame Huot!

Elle me regarde sans répondre, pliant inlassablement les petits carrés de toile. Un sourire flotte sur ses lèvres.

— Comment allez-vous Maman? demande tante Lucie en posant un baiser affectueux sur le front lisse. Je vous ai apporté du sucre à la crème!

Elle pose le plat de plastique rempli de carrés sucrés sur la commode où trônent l'horloge, les bibelots et le cadre que j'avais déjà vus dans la chambre de l'autre centre d'accueil.

— Regarde! dis-je soudain à mon copain en pointant le petit cadre.

Nous nous approchons de la commode et fixons l'ovale au verre bombé.

— Dis donc! s'exclame Kevin. La photo de l'album!

Devant nos yeux ébahis, Jonas Boulay, violon appuyé sous le menton, archet bien levé, semble jouer une symphonie silencieuse, prisonnier du cadre aux reflets patinés.

Nous nous regardons stupéfaits. Nos regards se tournent ensuite vers Aurore, qui se balance toujours. Vers Thérèse qui sourit. Vers Lucie qui pose une main affectueuse sur le bras de sa mère. Vers le père de Kevin qui demeure silencieux. Je tire Kevin par le bras :

— Regarde là! Juste là! Sur le lit!

Dans la clarté matinale de ce samedi de décembre, un violon est couché sur le velours brun du coussin qui orne le lit de grand-mère Aurore. Un violon que nous

reconnaissons sans même avoir à l'approcher. Ni à le toucher. Ni même à l'entendre gémir sous les caresses de l'archet étendu près de lui.

Derrière nous, un son furtif, presque inaudible parmi le bruit des rires et des voix au loin, ce glissement de pas que nous reconnaîtrions entre mille, nous fait tourner la tête d'un même mouvement.

— Aaah! crions-nous en chœur.

Il est là. Devant nous. Grand et mince, ses yeux si clairs grand ouverts. Pareil au souvenir que nous gardons de lui depuis la fugue de Grand-mère.

— Bonjour! nous dit-il, avec un sourire éclatant qui déride son visage sévère.

Sans autres explications, il s'adresse à Aurore qui a arrêté son travail.

— Excusez-moi, Aurore, je crois que j'ai oublié mon violon ici.

Grand-mère, lentement, se lève et va chercher le précieux instrument. Amoureusement, elle le serre sur sa poitrine généreuse, puis va le remettre à son propriétaire.

— Merci ma chère. J'espère bien souper en votre compagnie ce soir.

— Mais oui... bien sûr... répond-elle comme si elle venait d'émerger d'un rêve confus.

Le violoniste, sans plus attendre, sort de la petite chambre.

Kevin se dandine sur un pied et sur l'autre nerveusement.

— Mais arrête donc de danser comme ça !

— J'ai envie !

Thérèse Beauchamps, qui a entendu, lui montre du doigt une petite porte à droite. Kevin se précipite vers l'endroit indiqué, ouvre la porte et allume la lumière.

— Woh !

J'accours pour voir ce qui a bien pu l'extasier ainsi.

C'est une minuscule salle de bain, merveilleusement décorée. Tout y est : le bain à l'émail étincelant, le lavabo enchâssé dans un comptoir de mélamine aux couleurs pêche et blanc. Un miroir de bonne dimension et une toilette .

— C'est tout à fait joli ! Tout à fait !

Kevin me pousse dehors et ferme la porte d'un coup sec. Il est vraiment pressé! Je me rapproche de Lucie et des deux autres qui parlent à voix basse.

— Monsieur Boulay a décidé d'emménager ici, dit madame Beauchamps à sa sœur cadette. Il a vendu sa vieille maison. Il est heureux d'être près de Maman. Il lui joue du violon. Ils ne sont plus seuls, désormais...

Kevin est sorti de la salle de bains. Il est temps de repartir.

Nous embrassons chacun notre tour grand-mère Aurore qui se berce encore et encore. Puis, doucement, nous quittons la chambre.

Le vaste corridor nous accueille avec empressement. Au fond, le bruit des rires et des conversations a cessé. Derrière nous s'élève une petite voix claire et mélodieuse.

Quand nous chanterons
Le temps des cerises...

C'est Aurore qui chante...

Kevin et moi nous nous regardons sans parler, les yeux brillants. Je lui souris. Il me sourit en retour. Nous sommes heureux d'être ici, aujourd'hui. Heureux de penser que grâce à nous, Aurore et Jonas se sont retrouvés. Grâce, surtout, à notre insatiable curiosité et à notre entêtement à aller jusqu'au bout.

Les moineaux joyeux
Les merles moqueurs
Seront tous en fête...

Table des matières